Freda Power

Im Farbenspiel der Liebe

Freda Power

Im Farbenspiel der Liebe

Roman

rosenheimer

Für all die ehrenamtlichen Mitarbeiterinnen
und Mitarbeiter, die sich in
Camphill-Gemeinschaften einsetzen.
Die Hälfte des Erlöses von diesem Roman geht
an Camphill, Dingle.

www.rosenheimer.com

Titelfoto: © Klaus G. Förg (oben) und
LanaK – Fotolia.com (unten)
Lektorat: Christine Weber, Dresden
Satz: SATZstudio Josef Pieper, Bedburg-Hau
Druck und Bindung: GGP Media GmbH, Pößneck
Printed in Germany

ISBN 978-3-475-54473-6

Prolog

Links, rechts, links, rechts …

Viel körperliche Bewegung, hatten sie gesagt. So lange laufen, bis du richtig müde bist. Dann wirst du auch gut schlafen können. Und du vergisst all das Zeug.

Er trottete seit seiner Entlassung jeden Tag die acht Kilometer bis Dingle, lief anschließend quer durch das Städtchen und auf der anderen Seite die vier Kilometer zum Leuchtturm – dreizehn Kilometer. Nach einer Rast wanderte er wieder zurück zu dem Mobile Home, das er gemietet hatte. So viele Schritte …

Vergessen schenkten sie ihm bisher nicht. Es dauert seine Zeit, hatten sie gesagt, aber du wirst sehen, am Ende bist du durch.

Vielleicht lag es ja daran, dass seine Wanderung nur sieben Stunden des Tages einnahm. Da blieben, abgesehen von der Schlafzeit, immer noch zehn leere Stunden, sechshundert Minuten, sechsunddreißigtausend Sekunden. Er füllte sie, so gut es ging. Mit Einkaufen, Essen, Fernsehen. Vor allem aber malte er. Papier und Wachsmalkreiden lagen in jeder Ecke, sogar an seinem Rastplatz. Seinem geheimen Rastplatz.

Schritt und Schritt und Schritt.

Die versiegelte Flasche Wodka im Rucksack begleitete ihn auch überallhin. Bisher hatte er Widerstand geleistet …

Besser etwas schneller gehen: links, rechts, links, rechts, links …

1

Traurig blickte Ronán auf die stille Gestalt im Bett. Seine Mutter lag nun bereits seit Monaten im Krankenhaus. Eine plötzliche Gehirnblutung hatte sie Mitte August aus ihrem erfüllten Alltagsleben gerissen – und sie ihren Kinder genommen.

Anfangs war man davon ausgegangen, sie würde rasch sterben. Sie lag im Koma. Dann jedoch gab es kleinste Anzeichen, dass noch nicht alle Hirnfunktionen völlig versagt hatten. Ihr Herz schlug, sie atmete leise. Aus diesem Zustand waren zuweilen Patienten erwacht, manchmal nach Tagen, manchmal erst nach Jahren. Zumindest behaupteten die Ärzte das. Hoffnung machten sie Ronán allerdings kaum: Sollte seine Mutter wirklich wieder zu sich kommen, so hieß es, würde sie nicht mehr wie früher sein. Von unwiderruflich zerstörten Gehirnzellen war die Rede, vom Sprachzentrum und von Bewegungsnerven – es genügte, um dem empfindsamen jungen Mann entsetzliche Zukunftsvisionen vor Augen zu führen, gewiss grauenhaft für alle Beteiligten. Wie sollte die einst so energische, tatkräftige Frau damit fertig werden, gelähmt im Sessel oder im Bett dahinzuvegetieren? Oder würde sie es nicht einmal mehr merken? Musste sie gefüttert, gewaschen, gepflegt werden? Wie sollte er das finanzieren? Was würde Erin sagen, wie konnte er ihr die Veränderung erklären? Wie sollte es überhaupt mit seiner Schwester weitergehen, um Gottes willen?

Er seufzte. Im Augenblick schien es sinnlos, sich darüber Sorgen zu machen. Bewegungslos lag Clare Kavanagh zwischen den weißen Laken, Augen und Mund geschlossen, einen fast strengen Ausdruck im bleichen Gesicht. Ganz fremd wirkte sie.

Ronán blickte aus dem Fenster. Vor seinem inneren Auge erschienen tausend Bilder von seiner Mutter: immer freundlich, immer voll lebendiger Anteilnahme, meist lächelnd oder singend, ständig in Bewegung, aber stets zufrieden. Ja, das war es: Mum besaß die Gabe der Zufriedenheit. Wo andere über unangenehme Kleinigkeiten und herbe Schicksalsschläge klagten, hielt sie sich an das Positive. In der schlimmsten Situation sah sie etwas, wofür sie dankbar sein konnte.

»Was für ein Glück, dass wir gestern schon eine große Schüssel Kirschen gegessen haben!«, rief sie einst, als ein Schwarm Stare auf der Durchreise in Windeseile den Baum abgeerntet hatte. »Gut, dass es der rechte Arm war«, lautete ihr Kommentar, als Lorna, die Linkshänderin, sich die Schulter brach. Und nie würde er vergessen, wie Mum die neugeborene Erin ansah und zärtlich sagte: »Es ist wunderbar, dass sie gerade jetzt zu uns gekommen ist, wo wir uns keine Geldsorgen mehr machen müssen.«

Es stimmte schon. Der Vater hatte seinen Fischkutter verkauft, als man weiter und weiter nach Nordwesten fahren musste, um noch große Fischschwärme anzutreffen, und einen gut bezahlten Posten bei der Küstenwacht angenommen. Die Familie lebte in einem ordentlichen Haus, die zwei ältesten Geschwister würden bald ihre eigenen Wege gehen.

Ronán grinste schief, als er merkte, wie seine Gedanken wieder zu Erin zurückgekehrt waren. Wie ein Kreisel, dachte er. Dreht sich und dreht sich und kommt doch nicht vom Fleck. Ob es Mutter ähnlich ging? Ließ das Koma die Sorgen verschwinden oder nahm es einem bloß die Fähigkeit, etwas dagegen zu tun? Stumm betrachtete er ihre Züge. Diese steile Falte zwischen den Augenbrauen war neu; die hatte Mum erst, seit sie reglos im Bett lag. Er drückte ihre warme Hand, die schlaff in der seinen lag. Vielleicht verstand seine Mutter ihn ja, wenn er von seinem Leben, von den Ereignissen in Dingle berichtete – eine spürbare Reaktion zeigte sie jedoch nie.

Anfangs hatte er es seltsam gefunden, mit jemandem zu sprechen, der nicht antworten konnte, ja, es war ihm sogar peinlich gewesen. Davon hatte er sich inzwischen befreit. Bisher hatte er sich jedoch auf unverfängliche Themen beschränkt, warum, wusste er selber nicht. Wahrscheinlich, um ihre Genesung nicht zu gefährden. Probleme hatte sie genug, auch ohne dass er sie zusätzlich mit seinen Sorgen belastete. Aber nun meinte er plötzlich, das sei möglicherweise gerade der falsche Ansatz gewesen. Sollte er nicht versuchen, ihr Herz zu erleichtern? Schließlich war er jung und stark. Er konnte arbeiten. Es musste eine Lösung geben.

Er rückte den weißen Plastikstuhl näher zum Bett. Während er zögernd seine Gedanken formulierte, begann er tatsächlich, einen gangbaren Weg vor sich zu erahnen.

»Mum. Ich habe über Erin nachgedacht. Im Augenblick ist sie in Binn Ban bei den Camphill-Leuten untergebracht. Da fühlt sie sich recht wohl und wird gut betreut. Aber ich werde mich darum kümmern, dass sie wieder daheim leben kann, bei mir. Mein Cottage ist leicht zu vergrößern, hinten, weißt du. Vierzig Quadratmeter darf ich ohne weiteren Antrag anbauen; das reicht für ein zweites Schlafzimmer und ein ordentliches Bad ... Das bau ich selbst, da kostet's fast nichts. Und hinterher ... Vielleicht könnte ich sie untertags mitnehmen auf dem Boot. Oder ich bringe sie morgens raus nach Binn Ban und hol sie wieder ab, wenn ich fertig bin. Mit etwas Glück erklärt sich in Dingle jemand bereit, ihr leichte Arbeit unter Aufsicht zu geben. Du hast mal gemeint, sie würde gern backen oder kochen – ich werd beim Bäcker anfragen, und in den Hotels. Und im Notfall wären Lorna und Peadar bestimmt einverstanden, dass wir das große Haus verkaufen und das Geld aufteilen. Erins Anteil und meiner müssten zusammen eigentlich reichen, um die Unterbringungskosten für Camphill selbst langfristig zu zahlen … Ich verspreche dir, dass ich mich um Erin kümmere!«

Sein Blick war in die Ferne geglitten. Nun schwieg Ronán, fast überrascht davon, wie klar ihm alles geworden war. Ich habe das Problem verdrängt, habe zugelassen, dass es mich bedrückt, anstatt vorwärts zu schauen, dachte er. »Es wird schwierig sein«, fügte er laut hinzu. »Aber du hast immer gesagt, es sei sinnlos, auf das Gewitter zu schimpfen. Besser, man lernt, im Regen zu tanzen …«

Erwärmt von der Erinnerung, sah er seine Mutter an. Ihr Gesicht hatte sich verändert. Die strenge Falte war verschwunden, und ihre Züge wirkten entspannter. Noch während er ungläubig hinstarrte, erschien der Schatten eines Lächelns um ihre Lippen.

»Mum!« Täuschte er sich, oder erwiderte sie mit der Hand ganz leise seinen Druck? Er streichelte ihre Wange. »Oh, Mum«, murmelte er.

Da öffnete sie die Augen. Ihre Lippen bewegten sich.

»Gut«, flüsterte sie.

Es war nur ein Hauch, aber er verstand sie. Und der Blick, den sie ihm schenkte, war strahlend und voll Liebe, bevor ihre Lider sich erneut schlossen.

Ronán streichelte weiterhin ihre Hand, seine Mum sagte jedoch nichts mehr. Nach einer Weile wurde ihr Atem unregelmäßig, setzte manchmal aus. Schließlich hörte Clare Kavanagh ganz auf, zu atmen.

Er blieb lang bei ihr sitzen und nahm Abschied von seiner Mutter, während ihm die Tränen übers Gesicht rannen. Erst als ihre Finger kühler wurden, stand er auf, faltete ihre Hände auf der Bettdecke und sprach ein Gebet. Wie friedlich sie aussah! Aber fremd und irgendwie ... ja, feierlich. Er besann sich. Was war noch zu tun? Er öffnete das Fenster, damit die Seele den Weg nach Hause fand. Dann rief er die Krankenschwester.

2

Molly O'Brien legte zufrieden das Besteck beiseite. Gar nicht schlecht war das gewesen. Wie alle Menschen, die gern kochen, liebte sie es, ab und zu in einem Lokal zu essen. Man bekam neue Ideen, durfte ungeniert kritisieren, wenn auch nur gedanklich, und brauchte nicht abzuspülen. Das musste sie allerdings ohnehin selten. Ihre Freundin Maura, bei der sie wohnte, brachte zwar kaum hart gekochte Eier zustande und überließ die Organisation und Zubereitung der Mahlzeiten gern Molly, revanchierte sich jedoch, indem sie die Nacharbeit übernahm.

Heute war Molly allein nach Dingle gefahren und hatte in John Bennys Pub im Hafen Truthahn bestellt. Dafür gab es verschiedene Gründe. Erstens hatte sich Brendan für den Abend bei Maura angemeldet. Da die beiden frisch verliebt waren, schien es Molly am besten, ihnen das alte Farmhaus ganz zu überlassen. Noch waren ja die neuen großen Wohnungen über dem Stall nicht fertig, und die momentane Situation erlaubte wenig Privatsphäre. Zweitens aber galt es, das Weihnachtsessen zu planen; schließlich war schon Mitte Dezember. Und es sollte Pute geben, das stand bereits fest. Bisher hatte Molly die Feiertage immer zusammen mit ihren Geschwistern bei der Mutter verbracht. In diesem Jahr wollte sie es einmal anders versuchen – mit vierundzwanzig, fand sie, wurde es langsam Zeit, eine eigene Tradition aufzubauen. Dazu gehörte eben auch der Truthahn; zu Hause hatte es alljährlich eine Art Auflauf aus Stockfisch, Kartoffeln und Gemüse gegeben.

Bei John Benny war sie gelandet, weil sie das gemütliche alte Pub ebenso gern mochte wie den großen, ruhigen Wirt mit seinem stillen Humor, und weil das Essen hier gut war.

Sie bestellte noch ein Guinness und lehnte sich zurück. Die Füllung hatte lecker geschmeckt: Salbei, Thymian und ... ja, definitiv ein Hauch Minze. Ingwer und Knoblauch zusätzlich konnten nicht schaden, und vielleicht eine Spur Muskat. Und was das Fleisch anging: Sie musste den Braten in fette Speckstreifen einwickeln, um ihn saftig zu halten. Dazu natürlich Cranberrys und Kartoffelpüree. Maronenmus. Selleriesalat. Gedämpfter Chinakohl?

Ihre Gedanken wurden unterbrochen. Das Lokal war entsprechend der Jahreszeit ziemlich ruhig gewesen, gerade mal drei Tische besetzt und zwei Leute an der Theke. Nun aber kamen laufend neue Gäste herein. Sie setzten sich nicht, waren also nicht zum Essen da. Sie unterhielten sich und gehörten offenbar zusammen. Amüsiert versuchte Molly, herauszufinden, was all die Fremden verband. Unterschiedlichste Altersgruppen, Männer und Frauen. Viele trugen Jeans und Pullover, doch ein junger Mann erschien im Anzug, und eine Frau hatte ein schickes Kleid an, dazu farblich passende hochhackige Schuhe.

Nun trat der Wirt zu Molly. »Es wird gleich etwas schrill werden. Wenn du mit in den vorderen Bereich kommst, wirst du weniger gestört«, sagte er mit einem Schmunzeln, während er das Geschirr von ihrem Tisch abräumte.

»Schrill?« Molly verstand nicht.

»Sie üben für den Wrens Day. Am Tag nach Weihnachten, du weißt schon.«

Ah, jetzt dämmerte es ihr. Schon oft hatte sie davon gehört. Am 26. Dezember wurde dieser alte Brauch in einigen irischen Gegenden noch gepflegt. Menschen mit Strohröcken und Strohhauben zogen mit Musik durch den Ort, alle verkleideten sich möglichst abschreckend, und es war ein Riesentrara. Erlebt hatte Molly das noch nie, aber im Fernsehen kurze Berichte gesehen.

Interessiert fragte sie: »Ach, gibt es in Dingle eine Wrensgruppe?«

John lachte: »Eine? Wir haben vier verschiedene Gruppen. Ich selbst gehöre zu den *Green and Gold Wrens*. Die gleich hier drüben sind die Leute von der *Quay Wren*.«

Vier dieser Truppen! Molly war beeindruckt. Den Trubel am zweiten Weihnachtstag würde sie sich nicht entgehen lassen. Wie schön, dass sie heute bereits bei einer Probe Mäuschen spielen durfte. Sie blieb in ihrer Ecke sitzen und beobachtete, was geschah.

Nun sah sie auch die Gemeinsamkeiten der Versammelten: Die meisten hatten eine Tin

Whistle in der Hand, die irische Blechpfeife. Und als sie sich auf die Bänke und Hocker setzten, breiteten sie bedruckte Papierblätter vor sich aus. Molly schielte zu dem Mädchen am Nachbartisch hinüber, das höchstens siebzehn sein konnte.

»Unsere Noten«, erklärte die junge Frau eifrig. »Bist du neu bei uns? Ich heiße Annie.«

»Oh. Ich bin Molly … Nein, ich bin nur ganz zufällig hier.«

Annie nickte und begann, eins der Musikstücke zu üben. Da die meisten Leute ebenfalls pfiffen, aber jeder eine andere Melodie oder eine andere Stelle ausprobierte, klang es tatsächlich etwas schrill. Molly verzog amüsiert das Gesicht.

Ein Mann um die vierzig, der ihr vage bekannt vorkam, ergriff das Wort. »Also los! Wir haben eine halbe Stunde, bevor die Trommeln dazustoßen. Wir spielen die beiden neuen Stücke.« Er nannte den Titel, setzte die Blechflöte an und begann, zu blasen.

Die anderen hielten mit, so gut sie konnten. Der Effekt war ziemlich haarsträubend, fand Molly. Aber da es sich um einen heidnischen Brauch handelte und es darum ging, die Wintergeister zu vertreiben, sollte es vielleicht gar nicht zu lieblich klingen, überlegte sie.

Molly besaß ein gutes Ohr für Musik. Nach einigen Wiederholungen war das Stück fest in ihrem Kopf verankert. Als Kind hatte sie selbst ein paar Jahre lang Tin Whistle gelernt; sie folgte mit den Augen den Griffen des Mannes, der ihr gegenübersaß, während sie die Melodie im Geiste abspulte. Dass sie auch mit den Fingerspitzen unwillkürlich mitzuckte, merkte sie gar nicht.

»Na, willst du nicht einsteigen bei uns? Du scheinst das Stück zu kennen.«

Sie sah auf. Der Leiter stand vor ihr und lächelte sie an. »Was?«, fragte sie verlegen.

Er wies auf ihre Hände. »Du hast doch gerade auf der Geisterwhistle mitgespielt. Ich bin übrigens Gerry.« Er streckte ihr die Hand hin.

»Ja, äh, ich heiße Molly. Und … ich hab ja gar keine Whistle.« Das war alles, was ihr einfiel. Jetzt wusste sie auch wieder, woher sie Gerry kannte: Er arbeitete im Baumarkt und hatte ihr kürzlich geholfen, ein paar Rollen Schafdraht für die Zäune aufzuladen.

Gerry klappte seine alte braune Arbeitsjacke zurück und fischte eine Blechflöte aus der Innentasche, wo er mindestens ein halbes Dutzend davon stecken hatte. »Hier«, sagte er und reichte sie ihr.

»Aber ich kann doch nicht …« Molly war rot angelaufen. Sie gehörte nicht zu den Menschen, die es genossen, im Mittelpunkt der Aufmerksamkeit zu stehen, und die Angelegenheit war ihr äußerst peinlich.

Doch das Mädchen neben ihr grinste sie aufmunternd an, und Gerry schlug vor: »Du könntest es wenigstens versuchen. Wir sind immer auf der Suche nach neuen Leuten. Vielleicht macht es dir ja Spaß.« Dann wurde er abgelenkt durch einige Neuankömmlinge, die Trommeln hereinschleppten.

Molly war froh über die Unterbrechung. Sie hatte vor, das Instrument auf den Tisch zu legen und die Flucht zu ergreifen. Da schob Annie ihr das Bündel Noten hin. »Schau einfach bei mir mit rein. Gerry gibt dir nachher gleich eigene Blätter.«

Beinahe hätte Molly gelacht. Die sogenannten Noten sahen gar zu merkwürdig aus. Sie war natürlich mit der in Irland üblichen Notation vertraut. Hier verwendet man nämlich nur ganz selten richtige Notenzeilen mit den schwarzen Notenköpfchen, sondern schreibt einfach die Namen der Noten nebeneinander. Lange Töne bekommen Großbuchstaben, während kurze mit kleinen Buchstaben gekennzeichnet werden. Soll die Note ausgehalten werden, zeigt das ein Strich auf der Grundlinie an. Und die Töne in der oberen Oktave, die durch Überblasen erzeugt werden, bekommen einen Apostroph. Eine bekannte Polka wird also so notiert:

GB GB GB cbag
F#A F#A F#A d'cba
*GB GB GB D'_*
*cbag f#gac BG G_*

Hier jedoch hatte jemand die Notennamen mit der Hand hingekritzelt, ohne jede Gruppierung und Längenangaben. Neue Zeilen waren nur begonnen worden, wenn das Papier an der Stelle zu Ende war, und verbindende Linien deuteten an, welche Töne eng zusammen gespielt werden sollten. Mollys klarer mathematischer Verstand war schockiert ob dieser Unordnung. Sie hatte jetzt allerdings keine Zeit mehr, sich zu wundern. Gerry sagte an, was geübt werden sollte; alle blätterten in den Zetteln; die drei Trommler stellten sich auf. Zwei Trommelwirbel erklangen, und es ging los.

Molly hörte eine Weile zu, bis sie das Stück erkannte und mit einstieg. Sie merkte, dass grundsätzlich nur in der höheren Oktave gespielt wurde, und passte sich an, indem sie fester in die Flöte blies. Wenn sie bei Griffen unsicher war, schaute sie den anderen auf die Finger, und wenn sie aus dem Takt kam, wartete sie, bis sie wieder einen Einsatz fand. Da die Stücke mindestens sieben- oder achtmal durchgespielt wurden, konnte sie am Ende meist recht gut mithalten. Ja, es machte großen Spaß. Die Trommeln rissen einen unwillkürlich mit und hielten die Musik zusammen, sodass es jetzt viel beeindruckender klang als vorhin.

Nach einer Weile gab es eine Pause. Einige gingen zum Rauchen in den Hinterhof, andere holten neue Getränke, unterhielten sich oder probierten an einer schwierigen Stelle herum. Gerry setzte sich zu Molly.

Er wischte all ihre Vorbehalte weg. Nein, es mache überhaupt nichts aus, betonte er, dass sie noch nicht alles mitspielen könne. Es gäbe ja noch vier Proben vor Weihnachten, und außerdem wären manche schon seit Jahren dabei und beherrschten bloß drei Stücke.

Dass Molly in Ballyferriter wohnte, spielte keine Rolle. Mary und Donal lebten auch dort, mit denen konnte sie fahren, dann brauchte nicht jeder sein Auto. Gerry winkte Mary heran: eine nette Frau in den Dreißigern, die sofort erklärte, sie würde die schwierigeren Stücke mit Molly ein bisschen üben. Als Donal vom Rauchen zurückkam, stellte sich sogar heraus, dass Molly ihn schon kannte: Er stand oft im Supermarkt an der Kasse und war gern bereit, die Neue zu den Proben mitzunehmen.

»Schau, eigentlich geht es nur darum, ob du Lust hast«, meinte Gerry zum Schluss. »Die Whistle kannst du einstweilen behalten. Gib sie halt nach dem Wrens Day zurück. Wenn du selber eine kaufen willst – im Musikladen in Dingle sind sie immer vorrätig.«

Molly blickte sich noch einmal um. Überall freundliche Gesichter, nette Unterhaltungen, schrille Tonfolgen und Trommelwirbel. Ja, sie hatte Lust auf etwas Neues.

Gerry tippte ihre Telefonnummer in sein Handy ein, damit er sie benachrichtigen konnte, gab ihr den Stapel Noten, und dann war sie Mitglied der *Quay Wren*, von deren Existenz sie bis vor zwei Stunden keine Ahnung gehabt hatte …

Schon einige Tage später wurde sie per SMS zu einem Einsatz gerufen:

Denke, wir sollten bei Clare Kavanaghs Beerdigung morgen spielen. Sie war ja Gründungsmitglied der Quay Wren, und Ronán gehört zu uns. Messe ist um 12, wir treffen uns am

Friedhof um eins – Old Comrades und Sean South. Hoffe, viele von euch können da sein – Grüße.

Old Comrades und *Sean South* konnte sie tadellos spielen, weil sie die Stücke bereits als Kind gelernt hatte. Also machte Molly sich auf den Weg nach Dingle; sie musste sowieso einkaufen. Vorsichtshalber zog sie eine dunkle Jacke an.

Das wäre gar nicht nötig gewesen – die anderen, die schon vor dem Friedhof warteten, trugen ihre normale Alltagskleidung. Etwas verlegen warteten sie, bis der Leichenwagen und die Autos der Trauergemeinde von der Kirche her angekommen waren. Gerry führte seinen Trupp über die Straße und zwischen den Gräbern hindurch, wo die Musiker sich im Hintergrund aufstellten. Sechs Männer hoben den Sarg auf die Schultern, um ihn zu Grabe zu tragen. Gerry nickte, der Trommelwirbel setzte ein, und kurz darauf auch die Flöten.

Anfangs war Molly recht aufgeregt und musste sich stark konzentrieren, aber nach dem ersten Durchgang konnte sie nebenher beobachten, was geschah. Ganz vorn am Grab standen zwei Männer und eine Frau, wohl die Angehörigen der Verstorbenen. Kinder? Geschwister? Molly wusste nichts über die Tote, nicht einmal, wie alt sie gewesen war. Beliebt musste sie gewesen sein, der Menge der Anwesenden nach zu schließen. Molly kannte natürlich den irischen Brauch, bei Beerdigungen zahlreich zu erscheinen. Es gehörte zum guten Ton, an der Messe teilzunehmen und zum Friedhof zu kommen, selbst wenn man nur in derselben Straße wohnte oder zusammen in die Schule gegangen war. Aber hier waren ungewöhnlich viele Leute versammelt.

Die Musik verklang. Die Trauergäste applaudierten leise und nickten den Musikern dankbar zu. Während der Priester nun die Grabrede hielt, verließen die Wrens still den Friedhof und kümmerten sich wieder um ihre Alltagspflichten.

Für Kinder verstreicht die Zeit vor Weihnachten für gewöhnlich mit winzigen Trippelschritten, für die meisten Erwachsenen galoppiert sie davon. Als Molly mit ihrer Arbeitgeberin und Freundin Maura am Heiligen Abend frühstückte, fragte sie sich, wohin die letzten zwei Wochen verschwunden waren – es fühlte sich an, als wären es nur Stunden gewesen.

Maura schien ähnlich zu empfinden. »Mir kommt es vor, als hätte der Dezember dieses Jahr höchstens zehn Tage gehabt«, meinte sie nachdenklich, während sie Honig auf das frisch gebackene Brot strich.

»Eher bloß acht.« Molly lächelte. »Es war aber wirklich viel los, nicht?«

Die zwei jungen Frauen ließen die jüngste Vergangenheit an sich vorüberziehen: Mauras Abschlussprüfung als Tierärztin, danach ihr Lottogewinn; die Gründung der Esel- und Pferdefreistatt Grazeland hier in der westlichsten

Ecke Europas in Ballyferriter; die Einstellung Mollys als Finanzberaterin; das stetige Wachsen der Herde geretteter Tiere und der Umbau der alten Lagerhalle in einen modernen Stall mit Wohnungen – dem schönen Architekten Brendan Fitzgerald sei Dank. Und zuletzt die dramatischen Ereignisse in der Sturmnacht Anfang Dezember, als beinahe eine Nachbarin in einem Eselskarren umkam, der an der Steilküste ins Schlittern geraten war. Im letzten Augenblick konnten Frau und Esel gerettet werden. Am nächsten Tag dann hatte Brendan – etwas überraschend – Maura gebeten, ihn zu heiraten, was weitere hektische Aktivität auslöste: Schließlich wollte so eine Hochzeit gründlich geplant und vorbereitet sein.

Dazu kam jetzt noch Mollys plötzlicher Anschluss an die Wrens mit all den nötigen Proben, gemeinsam mit den anderen Pfeifern und Trommlern in Dingle, private Nachhilfe mit Mary hier in Ballyferriter und viele Übungsstunden allein. Molly, die gern am Nachmittag einmal um das ganze Weidegelände wanderte, nahm seitdem immer ihre Flöte mit und spielte unterwegs gegen den Wind an. »Erstens muss ich am Wrens Day auch im Laufen spielen«, hatte sie gesagt, »und zweitens klingt es im Haus einfach zu schrecklich.« Meist begleiteten sie dabei die Tiere, und der junge Eselshengst Rumpelstilzchen pflegte, begeistert mitzusingen.

Es war also insgesamt kein Wunder, dass die Zeit wie im Fluge vergangen war.

Molly schenkte sich Tee nach und lehnte sich zurück. »Aber noch kehrt keine Ruhe ein für uns. Wann kommen denn die Gäste?«

»Meine Mutter wird mit ihrem Partner gegen fünf da sein. Ich hab für sie ein Zimmer genommen; wir wollen uns im Pub nebenan treffen und später im Hotel zu Abend essen. Du bist doch dabei?«

»Ins Pub geh ich freilich mit; ich freu mich schon auf das Weihnachtssingen dort. Aber hinterher geh ich lieber heim und genieße die Ruhe vor dem Sturm.« Ihre braunen Augen leuchteten, als sie die Tierärztin angrinste.

Maura grinste zurück. »So, wie ich dich kenne, wurstelst du eher in der Küche herum, damit morgen alles reibungslos abläuft. Ach, Brendan hat etwas von seiner Tante Katie gemurmelt; habt ihr noch eine letzte Krisensitzung?«

Leichte Röte kroch in Mollys Wangen. Die Tante des Architekten war ihre Verbündete für das große Weihnachtsessen. Gemeinsam hatten sie über Rezepten gegrübelt, nach einer Quelle für eine Bio-Pute geforscht, die traditionellen kleinen Kuchen gebacken und nach einer Variante für den Plumpudding gesucht. Den hätte man ja bereits im November zubereiten müssen, doch da hatte niemand Zeit gehabt, an Weihnachten zu denken. Heute Abend wollte Molly tatsächlich mit Katie den Braten mit der Würzmischung bestreichen und die Füllung fertig vorbereiten, damit sie ihn morgen schon vor dem Frühstück in den Ofen schieben konnte.

»Ja … Wir haben noch ein paar Sachen zu erledigen«, gab sie zu, während sie das Geschirr abzuräumen begann. Ihre Freundin sprang auf, kam um den Tisch herum und nahm Molly in den Arm. Überrascht blickte sie auf.

»Du bist die Beste! Wirklich und echt wahr. Danke schön für all deine Arbeit und Hilfe. Ohne dich hätte ich längst aufgeben müssen.«

Molly protestierte: »So ein Unsinn, Maura. Du hast so viel Energie und Willenskraft – du hättest nie aufgegeben!«

Die Tierärztin lachte. »Also gut. Aber verhungert wäre ich, und unglücklich obendrein. Danke, Molly! Und frohe Weihnachten!«

»Dir auch. Und ich bin es, die zu danken hat; du hast mich aus meiner öden Bank befreit. Wahrscheinlich wäre ich dort inzwischen an Langeweile gestorben.«

Einen Augenblick lang umarmten sich die zwei Frauen fest, bevor sie die Küche in Ordnung brachten. Ihr gemeinsames neues Leben war tatsächlich für beide voller Vorteile und Glück.

In Irland wird der Heilige Abend nicht gefeiert wie andernorts. Aber man trifft sich vor dem großen Weihnachtstag im Kreise der Familie noch einmal mit Freunden im Pub. Auf der Dingle-Halbinsel und in anderen Gegenden mit springlebendiger Musiktradition gibt es an diesem Tag besondere Konzerte in den Kneipen, oder man versammelt sich zum gemeinsamen Singen. So auch in Murphy's Pub in Ballyferriter.

Als Molly um halb sechs das Lokal betrat, blieb sie gleich an der Tür stehen, um nicht zu stören. Es war mucksmäuschenstill, obwohl sich bestimmt dreißig Leute in der kleinen Gaststube befanden. Alle lauschten, während ein alter Mann *White Christmas* sang. Nach seinem Vortrag brach Beifall los.

Er nickte freundlich in die Runde und nahm einen tiefen Zug aus seinem Bierglas. Molly holte sich nun ebenfalls ein Pint.

»Frohe Weihnachten«, wünschte der Wirt und fügte hinzu: »Das geht aufs Haus, Nachbarin.«

Sie lächelte ihn an. »Danke. Und dir und deiner Frau auch ein frohes Fest, Tom!«

Inzwischen hatte sie Maura und Brendan entdeckt, die an einem Tischchen ganz hinten saßen, und drängte sich zwischen den Gästen hindurch, rechts und links grüßend. Das gefiel ihr besonders gut hier in dieser entlegenen Ecke Irlands: Jeder kannte jeden, und man grüßte sich freundlich, wann immer man sich begegnete.

An Mauras Mutter erinnerte sie sich noch gut von früher. Außerdem war sie im November schon einmal da gewesen, um Grazeland zu besichtigen.

Lynn Galagher schloss sie herzlich in die Arme. »Molly, Kind, wie schön, dich wiederzusehen! – Darf ich vorstellen, das ist mein Partner John O'Leary. John, das ist Molly O'Brien, die Finanzfachfrau im Betrieb meiner Tochter.«

Molly grinste. »Finanzfachfrau – und Köchin.« Sie schüttelte dem Mann die Hand und musterte ihn aufmerksam. Dunkle Augen und Haare, graue Schläfen, eine römische Nase; man konnte schon verstehen, warum die gut aussehende Witwe sich in ihn verliebt hatte. Sie wechselte einen amüsierten Blick mit Maura, die die Begrüßung beobachtete. Anfangs gar nicht begeistert von der Beziehung der Mutter, hatte diese John sogar verdächtigt, ein Heiratsschwindler zu sein. Zum Glück hatte sie sich dann mit ihm ausgesprochen und sich mit der Tatsache abgefunden, dass Lynn noch einmal eine Liebe erleben durfte.

Auch Katie Fitzgerald saß bei ihnen. Sie begrüßte Molly mit einem Zwinkern, bevor sie aufstand und die Augen schloss.

»Ruhig, ein Lied«, mahnte ein Mann, der in der Nähe stand.

»Los, Katie, Mädel, lass uns was Schönes hören«, ermunterte sie ein anderer, der auch zu den alten Freunden gehörte. Einige Leute machten »scht« und »pst«, und im Lokal wurde es mäuschenstill.

Katie war bereits über siebzig, aber ihre dunkle Stimme war stark und klangvoll. Sie stimmte ein irisches Weihnachtslied an.

Molly verstand fast gar nichts, obwohl sie die alte Sprache, die nur noch in wenigen Ecken gesprochen wurde, wie alle Kinder in Irland schon in der Schule gelernt hatte. Hier im Westen gab es allerdings immer noch viele Familien, die daheim Irisch redeten, natürlich beherrschten sie das Englische trotzdem. Katies Vortrag war dennoch beeindruckend. Sie sang a cappella, also ganz ohne Begleitung, wie es in Irland üblich ist. Beim Refrain fielen einige der älteren Gäste leise ein; sonst hörte man schweigend und andächtig zu. Hinterher gab es lebhaften Applaus.

Danach stimmte Danny, der mit Tom Murphy hinter der Bar stand, *Stille Nacht* auf Deutsch an. Einen Vers sang er allein, dann unterbrach er sich und forderte die anderen auf: »Macht doch mit, das kennt ihr ja!«

So hielt ein jeder mit, manche auf Englisch, manche auf Irisch, und man hörte sogar spanische und französische Klänge – Ballyferriter war ein Ort, der Menschen aus aller Welt in seinen Bann zog, sodass sie dort gerne blieben.

Hinterher wurde es wieder fröhlicher, als ein paar junge Burschen das Weihnachtslied einer beliebten Rockgruppe aus England schmetterten. Eine Familie mit vier Kindern in allen Größen packte Tin Whistles aus, und sie pfiffen mehrstimmig eine lebhafte Hirtenmelodie. Es war ein wunderbarer Abend.

Erst um acht schickte der Wirt die Leute heim und sperrte sein Pub zu.

Am Weihnachtstag schien die Sonne von einem mit weißen Wolken getupften Himmel – eine willkommene Überraschung nach den Regengüssen der vergangenen Tage. Molly fuhr mit den anderen zu einem Strand in der Nähe, wo das traditionelle Weihnachtsschwimmen stattfand. Mit leichtem innerem Schauder sah sie, wie sich bestimmt dreißig oder vierzig Leute in Badesachen auf dem Sand in Stellung brachten. Brendan gehörte ebenfalls zu den mutigen Schwimmern, und Molly beneidete ihre Freundin ein bisschen, als sie seinen gut gebauten, muskelbepackten Körper sah. Arme und Beine waren sonnengebräunt nach den vielen Arbeitsstunden auf den Baustellen.

Punkt zwölf stimmte die berühmte Dingler Eisschwimmerin Nuala Moore den Countdown an. »… vier … drei … zwei … eins … null!«

Kinder, Jugendliche, Männer und Frauen rannten los, über den Strand und ins Meer. Die Zuschauer klatschten und lachten, die Schwimmer jauchzten und schrien. Lang blieben sie nicht in den eisigen Fluten, aber für ein paar Minuten spritzten und planschten sie übermütig in den Wellen, während besorgte Familienangehörige schon große Badetücher bereithielten. Es war ein Riesenspaß und es diente einem guten Zweck: Auf dem Parkplatz wurde danach für langzeitkranke Kinder gesammelt.

Das Weihnachtsessen war ein voller Erfolg. Außer Katie und Brendan, Lynn und John hatte Molly auch das Faktotum von Grazeland, Paudie Shanks, eingeladen. Natürlich blieb trotzdem eine Menge übrig, aber das störte niemanden. Es wurden wunderbar träge Nachmittags- und Abendstunden.

3

Als Molly kurz nach zwölf John Bennys Pub betrat, war sie nicht ganz sicher, ob ihre Entscheidung, bei den Wrens mitzumachen, richtig gewesen war. Zum einen nieselte es draußen, und die Vorstellung, für den Rest des Tages in feuchten Klamotten durch den Ort zu ziehen, hatte wenig Verführerisches. Außerdem kam es ihr komisch vor, schon vormittags in voller Verkleidung in der Stadt zu erscheinen. Sie hatte über der Regenjacke ein weißes Herrenhemd an, das sie vom Saum bis zu den Ärmeln in Streifen gerissen hatte, darüber ein grün gemustertes Umschlagtuch mit langen Fransen und auf dem Kopf eine grüne Lockenperücke. Eine weiße Jogginghose kombiniert mit grün-weiß gestreiften Strickstulpen vervollständigte ihren Aufzug. Grün und Weiß, so hatte man ihr gesagt, seien die Farben der *Quay Wren*.

Maura brachte die Freundin nach Dingle, zusammen mit ihren Gästen und Brendan wollten sich die vier den Spaß nicht entgehen lassen. Sie hatten sich allerdings damit begnügt, lustige Hüte mitzunehmen, und lachten ziemlich über Mollys Fantasiekostüm. Keiner von ihnen hatte jemals einen Wrens Day miterlebt, und sie sahen dem Tag mit Spannung entgegen. Sie ließen

Molly bei *John Benny's* aussteigen, um selbst noch einen Parkplatz zu suchen.

In dem warmen Pub am Hafen verflogen Mollys Bedenken rasch: Hier wimmelte es geradezu von ähnlich improvisiert zurechtgemachten Leuten, die in bester Laune miteinander redeten, während sie schon mal ein Bier oder einen Hot Whiskey zur Einstimmung tranken. Auf der Theke standen Platten mit belegten Broten, und es herrschte eine fröhliche, optimistische Stimmung. Gerry lachte, als er Molly sah. »Gut siehst du aus. Wir haben einen Strohrock für dich, wenn du magst.«

Die Strohröcke hatte die Gruppe am vergangenen Samstag geflochten. Molly hatte an dem Tag nicht kommen können, freute sich aber jetzt, dass man an sie gedacht hatte. Schmale Bündel langer Haferhalme waren dicht nebeneinander an einen starken Strick geknotet worden, der auch dazu diente, sich das Kleidungsstück um den Bauch zu binden. Bei Molly reichten die Halme bis fast zu den Knöcheln; sie war ja nicht besonders groß. Einige ergänzten den Rock mit der traditionellen Kopfbedeckung, einer ebenfalls aus Stroh geflochtenen Haube, die direkt auf den Schultern saß. Für Augen und Mund waren Öffnungen ausgespart. Es sah ziemlich urig aus, wenn die Flöte aus so einem Strohkopf ragte.

Als sie an ihrem Tee nippte, zupfte Annie an Mollys Umschlagtuch. »Du brauchst noch etwas Farbe, komm mit!«

In einer Ecke saß eine Frau, die ein Gesicht nach dem anderen mit grüner und weißer Schminke versah. Sie schaute Molly prüfend an, bevor sie begann. »Du hast wunderschöne Augen. Ich werde die ungewöhnliche Form betonen.« Geschickt wischte und strich sie mit Schwämmchen und Pinseln über Mollys Wangen. »Kopf hoch, Augen zu«, kommandierte sie zuletzt und streute feinen Glimmerstaub auf ihr Werk. Diese Glimmerteilchen waren treu: Noch Tage später begegneten sie einem daheim im Bad, in der Dusche und auf dem Kopfkissen …

Molly bedankte sich und ging auf die Toilette, um das Ergebnis zu besichtigen. Eine Gesichtshälfte war weiß, eine grün, während Augen und Mund jeweils in der anderen Farbe angemalt waren. Die fein geschwungenen Lippen waren leicht übertrieben nachgezogen, der untere Lidrand blieb gerade, während die obere Rundung bis zu den Brauen überhöht betont schien. Molly grinste – sie sah aus wie ein Pierrot mit Grünstich.

Mary hatte Nagellack mitgebracht und lackierte alle Fingernägel, die sich ihr entgegenstreckten, in Grün- und Weißtönen. Eine andere Frau hatte einen Schwung neongrüner fingerloser Handschuhe aufgetrieben, die sie zum Selbstkostenpreis abgab. Dankbar kaufte ihr Molly ein Paar ab. Sie war nicht auf die Idee gekommen, welche zu besorgen, und besaß nur normale Fingerhandschuhe. Mit denen konnte man aber nicht Tin Whistle spielen. Es war immerhin ungemütlich kühl, auch wenn das Thermometer acht Grad anzeigte. Die feuchte Luft und der leise Wind verstärkten die Kälte. Molly hatte sich bereits ein wenig Sorgen um ihre Finger gemacht.

Gerry klatschte in die Hände. Es war Zeit. Die Gruppe formierte sich.

Dicht am Eingang stand ein Mann, den Molly noch nicht kannte. Er trug eine riesige Pauke vor dem Bauch. Bisher waren bei den Proben bloß die kleinen Militärtambours zum Einsatz gekommen. Diese Trommler stellten sich nun ebenfalls auf.

Es ging los. Zwei helle Trommelwirbel, dann setzte die tiefe Bauchtrommel mit einzelnen Paukenschlägen ein. Ja, das hatte noch gefehlt! Der Rhythmus fuhr Molly in die Knochen. Nun die schrillen Pfeifen! Und es waren erheblich mehr Musikanten als bisher immer. Molly hatte die Hälfte der Leute nie zuvor gesehen. Viele stießen offenbar erst am Wrens Day dazu; sie kannten die meisten Stücke gut genug, um sich die Proben zu ersparen. Einige kamen von weiter weg und hatten sich von Gerry die Noten und eine Aufnahme der Musik schicken lassen. Insgesamt mochten es heute an die vierzig Teilnehmer sein.

Dreimal spielten sie das Stück im Lokal, bevor sie hinauszogen auf die Straße. Die *Quay Wrens* waren unterwegs.

Molly hatte sich gewundert, dass die Musikanten nie in Bewegung geübt hatten. Man brauchte doch eine Art Marschordnung … Jetzt stellte sie fest, dass alles sehr locker zuging. Allerdings gab es eine Grundreihenfolge.

Ganz vorn hüpfte das Hobby Horse, ein weiß bespanntes Holzgerüst in Form eines Pferdeleibes. Darin steckte ein junger Typ, der mal nach rechts, mal nach links tanzte. Auf einem Besenstiel saß der Pferdekopf, der lustig wackeln oder sogar das Maul aufreißen konnte, danach folgten die Bannerträger. Das sogenannte Banner war ein langes weißes Band mit dem grünen *Quay Wren*-Schriftzug, das an zwei Stangen vorausgetragen wurde. Die große Trommel als Nächstes, dann die kleinen. Anschließend marschierten die Pfeifer, und ganz hinten liefen die Anhänger, eine wilde Schar gut gelaunter und bunt verkleideter Leute.

Kein Mensch ging im Gleichschritt. Jeder latschte irgendwie und irgendwo. Nachdem sich Molly von ihrem ersten Staunen erholt hatte, fand sie dieses Chaos sehr erfrischend. Überhaupt machte es riesigen Spaß. Natürlich kam der Verkehr zum Erliegen, weil die Wrens eine ganze Straßenhälfte einnahmen. Die drei Geldeintreiber mit ihren Sammeleimern bettelten bei Passanten und Autoinsassen um Spenden für die Lifeboats, den Seenotrettungsdienst der Küstenwache.

Molly fand es bemerkenswert, wie friedfertig die Autofahrer den Stau hinnahmen und auch noch Geld spendeten. In ihrer Heimatstadt Waterford oder gar in Dublin hätte es bestimmt einige ungeduldige Huper gegeben. Aber hier im Westen hupte man ohnehin nur, wenn man einen Bekannten auf sich aufmerksam machen wollte.

Das war einer der vielen sympathischen Züge der Leute dieser Gegend.

Anfangs fand Molly den Umzug recht anstrengend, da manche der Straßen in Dingle regelrecht steil sind. Gerry gab ein zügiges Tempo vor, und Molly hätte die Luft zum Schnaufen gebraucht, musste sie jedoch in ihre Pfeife blasen …

Zum Glück hatte es rechtzeitig aufgehört, zu regnen. In der Pflegestation des Krankenhauses gaben sie ein Extrakonzert, aber alles andere spielte sich tatsächlich im Freien ab. Ach ja, und in den Pubs natürlich. Es war Ehrensache, jedes einzelne Lokal zu besuchen, dort zu spielen und Geld zu sammeln. Selbstverständlich musste auch immer ein Bier getrunken werden; der Wirt sollte schließlich etwas davon haben. Wenn man bedenkt, dass es in dem kleinen Städtchen 24 Pubs gibt, dann versteht man, dass der Wrens Day ein harter Tag für die Musikanten sein konnte …

Am lustigsten war es, wenn sie einer der anderen drei Gruppen begegneten. Die spielten ja nicht das gleiche Stück und trommelten nicht denselben Rhythmus, und Molly hatte gut zu tun, nicht aus dem Takt zu kommen, während der fremde Zug mit Trara an ihr vorbeimarschierte.

Um sechs kehrten sie zurück in ihre Stammkneipe, die von John Benny. Hier wurde ihnen heißer Lammeintopf kredenzt, der nach der Kälte draußen und dem vielen Bier sehr willkommen kam. Hungrig löffelte Molly.

»Mmh, gut!«, lobte jemand gegenüber.

Sie blickte auf. Es war der Mann mit der großen Trommel, das Gesicht mit grünen und weißen Streifen bemalt. Molly studierte seine Züge, die bisher unter der traditionellen Strohhaube verborgen geblieben waren. Er mochte an die dreißig sein, bestimmt nicht älter. Ein dunkelblonder, ordentlich gestutzter Bart umrahmte sein Kinn. Der männlich feste Mund, die markante, leicht gebogene Nase und die dichten, geraden Brauen wirkten fast asketisch, aber die klaren grauen Augen milderten diesen Eindruck. Seine langen blonden Locken hatte er im Nacken zusammengebunden, einige Strähnen ringelten sich um Stirn und Ohren. Der Mann war von mittlerer Größe und kräftiger Statur, das hatte sie unterwegs gesehen, seine muskulösen Schultern und Arme waren ihr aufgefallen. Sie hatte sich meist in den vorderen Reihen aufgehalten und ihn deshalb gut beobachten können, wenn er mal rechts, mal links auf die dicke Trommel schlug. Ihr hatte der ruhige Rhythmus gefallen, der die raschen Trommelwirbel der anderen so wirkungsvoll untermalte.

»Ja, wirklich lecker«, bestätigte sie. »Ich heiße Molly, bin erst seit ein paar Wochen bei den Wrens.«

Er stellte sich ebenfalls vor, bloß verstand sie den Namen nicht richtig, weil gerade in dem Moment neben ihr jemand sein Bier umkippte und alles aufsprang, um den Fluten auszuweichen.

Als wieder Ruhe eingekehrt war, meinte sie nachdenklich: »Du kommst mir irgendwie bekannt vor … Aber es fällt mir nicht ein, wo ich dich schon mal getroffen habe.«

Mit klaren Augen musterte er sie nun auch aufmerksam. »Ich glaube nicht, dass ich dich kenne. Allerdings fahre ich eins der Fungie-Boote, *Mermaid* heißt es. Vielleicht hast du mich da gesehen.«

Natürlich hatte Molly bereits von dem berühmten Delfin Fungie gehört, der seit über dreißig Jahren in der Nähe von Dingle wohnte. Mehrere Fischerboote waren auf Touristenbetrieb umgerüstet worden und fuhren täglich mehrmals hinaus, weil die Leute Fungie springen sehen wollten. Molly war jedoch bisher nie auf die Idee verfallen, das auch zu tun. Es schien ihr ein bisschen albern, eine typische Besucherattraktion eben. Aber dass er Kapitän war, faszinierte sie.

»Ach, wirklich? Macht dir das Spaß? Kommt er denn immer? Ist es dein eigenes Boot?«, platzte sie neugierig heraus.

Er lächelte. »Eine Menge Fragen hast du da … Also, ich finde den Job herrlich. Liegt bei uns in der Familie, die Seefahrt. Aber das Boot gehört mir nicht; ich arbeite für eine Art Kooperative, die diese Ausflüge organisiert. Und ja, Fungie taucht fast jedes Mal auf. Die Leute müssen ja auch nur zahlen, wenn sie ihm wirklich begegnen. Warst du noch nie draußen? Du wohnst doch wohl in der Gegend, nicht?«

»In Ballyferriter. Äh, sollte ich? Fungie sehen, meine ich. Lohnt sich das denn?« Es war ihr beinahe peinlich, so direkt zu fragen, aber andererseits hielt sie viel von Aufrichtigkeit.

Um seine Augen bildeten sich feine Lachfältchen, obwohl seine Gesichtszüge ernst blieben. Er antwortete schlicht: »Ja, unbedingt.« Nach einer kleinen Pause fügte er hinzu: »Es sei denn, du fühlst dich auf dem Wasser unbehaglich.«

Wie taktvoll er das umschrieb! Molly grinste. Seekrank wurde sie nicht, und sie fürchtete sich auch nicht vor dem Meer. Sie nahm sich vor, bei nächster Gelegenheit einmal den Fungie-Ausflug nachzuholen. Wenn er das so eindeutig empfahl, musste ja wohl etwas an der Sache sein. Oder wollte er bloß an ihr verdienen? Nein, das schien ihr unwahrscheinlich. Jetzt fragte sie ihn, seit wann er bei den Wrens war.

Er lachte. »Ich war schon bei der Gründung dabei, also vor neun Jahren. Hab von Anfang an die große Trommel bedient.«

»Oh. Das muss ordentlich anstrengend sein, das Riesending die ganze Zeit vor dem Bauch zu haben.«

»Nicht so wild. Ein Haus zu bauen, ist schlimmer.«

Sie zog fragend die Augenbrauen nach oben.

»Ich erweitere mein Cottage. Anbau auf der Rückseite. Das Fundament ist schon betoniert, und jetzt zieh ich die Mauern hoch. Jeden Abend eine Reihe Steine.« Dabei wurde sein Gesicht wirklich ernst, alle Heiterkeit war verschwunden.

»Was? Es ist doch eiskalt! Und um fünf ist es stockdunkel.« Molly schüttelte den Kopf.

Er zuckte die Schultern. »Ich hab's halt eilig. Da kann ich nicht auf den Sommer warten ... Mit der Kälte ist es halb so schlimm – Frost haben wir ja nur ganz selten, und wenn, dann höchstens nachts. Und ich hab einen Scheinwerfer aufgestellt. Beim Mauern muss man nicht viel sehen.« Jetzt lächelte er wieder, und die Wolke über seinen Augen zog weiter.

Sie berichtete ihm nun im Gegenzug von dem Bau auf Grazeland. Der wurde allerdings von dem tüchtigen Brendan als Bauleiter und Architekt betreut. Das war natürlich nicht wirklich zu vergleichen – Eigenarbeit mussten die beiden Frauen nicht leisten. Dennoch verfolgte Molly den Baufortschritt mit großer Spannung, sollte doch dabei ihre neue geräumige Wohnung über dem Stall entstehen.

Die Unterhaltung verlief recht interessant, weil der Trommler ein guter Zuhörer war und in seiner ruhigen Art humorvoll kommentierte, was Molly erzählte. So bedauerte sie es fast, als Gerry die Gruppe zum Aufbruch rief. Jeder suchte sein Zeug zusammen – Kopfputz, Handschuhe, Instrumente – und vermummte sich wieder. Während sich Molly fertig machte, dachte sie über das Gespräch nach. Ein netter Mann schien das zu sein, zielstrebig und fleißig. Aber seine Augen wirkten traurig, als hätte er Kummer. So grau wie das Meer unter einer Wolkenschicht ... Sie rief sich grinsend zur Ordnung. Heute gab es keine Zeit für romantische Fantasien, der Wrens Day verlangte ihre volle Aufmerksamkeit.

Inzwischen war es längst dunkel draußen, doch es blieb zum Glück trocken. Ein böiger Wind zerrte an dem Banner, und Molly war froh, dass sie nur die leichte Blechflöte zu tragen hatte. Sie fühlte sich ohnehin ziemlich müde, schließlich trabten die Wrens bereits seit vielen Stunden durch die Stadt. Jetzt allerdings wurden die Strecken kürzer: Man zog nur noch von Pub zu Pub. Ob eine der anderen Gruppen darin war, erkannte man gleich an dem Banner, das außen über den Eingang gespannt war. In diesem Fall kehrte man eben später zurück – traditionell durfte man sich nicht in die Quere kommen.

Anstrengend blieb die Angelegenheit trotzdem, denn es wurde immer voller. Dingle war ja ohnehin ein beliebtes Ziel für feiernde Gruppen, besonders an feuchtfröhlichen Wochenendtagen wie heute strömten viele junge Leute in die Stadt, froh, dem Weihnachtsfest im Familienkreis entronnen zu sein. Überall drängten sich Menschen, wild verkleidet, übermütig und in bester Stimmung – und der Großteil von ihnen gut angetrunken. In den Kneipen war es oft so eng, dass Molly die Flöte beim Spielen schräg nach oben halten musste, um nirgends anzustoßen. Sie war ja nicht besonders groß und stand ständig eingekeilt zwischen den Massen. Dennoch hielt sie eisern durch, obwohl ihr das Gedränge und Geschubse und vor allem das Bier längst zu viel wurde. Sie hatte nun einmal versprochen, mitzumachen, und würde nicht aufgeben, bevor die Aktion zu Ende war.

Amüsiert beobachtete sie, wie auch die Wrens immer betrunkener wurden. Der eine Bannerträger steuerte im Hafen zielstrebig einen Haufen Netze an, die dort aufgetürmt lagen. Obwohl sein Partner, das Unheil ahnend, an ihm zog und zerrte, gelang es ihm nicht, ihn aufzuhalten: Jack purzelte mitten hinein und verwickelte sich derartig mit seinen Stiefelösen und den Nieten an seiner Lederjacke in dem feinmaschigen Nylonzeug, dass er überhaupt nicht mehr hochkam. Schließlich mussten einige der noch nüchternen Mitglieder helfen, ihn zu befreien.

Ein andermal kündigte Gerry in einem Lokal an, wohin der Trupp als Nächstes marschieren würde, stellte sich aber draußen in entgegengesetzter Richtung auf. Es erforderte eine längere Diskussion, bis er seinen Irrtum einsah. Auch um den Trommler machte sich Molly Sorgen: Er schwankte beim Gehen, als wäre er auf hoher See. Die Schlegel trafen das Fell allerdings weiterhin mit taktsicherer Präzision. Zu diesem Zeitpunkt war sie selbst bereits fast wieder nüchtern, denn sie hatte sich seit dem Abendessen nur noch zweimal ein kleines Bier geholt, ihr war der Trubel am Tresen einfach zu viel.

Sie seufzte erleichtert, als sie um halb eins endlich bei John Benny landeten. Mittlerweile waren die meisten der vergnügungssüchtigen Ausflügler entweder heimgefahren oder aber in die Disco verschwunden, und die Pubs wirkten leer und etwas schäbig. Überall lagen Strohhalme verschiedener Wrensgruppen herum, auf den

Tischen schwammen Bierpfützen, an den Theken lehnten die letzten Besucher, keiner von ihnen mehr besonders fit.

Molly rief Dave Kennedy an, einen der beiden Taxifahrer in Ballyferriter. Er hatte ihr versprochen, sie abholen zu kommen, egal um welche Uhrzeit. Während sie nun auf ihn wartete, gönnte sie sich noch ein Bier, als krönenden Abschluss des aufreibenden Tages. Die Wrens waren aufgekratzt und stolz, die Geldeimer bis zum Rand gefüllt, der Tag konnte als Erfolg verbucht werden. Als Dave draußen hupte, verabschiedete sich Molly bei Gerry, winkte den anderen zu und verschwand nach draußen.

Zu Hause brachte sie gerade noch genug Energie auf, sich die Farbe aus dem Gesicht zu waschen, bevor sie ins Bett fiel und sofort einschlief.

4

Ronán Kavanagh saß stöhnend in dem Ausflugsboot. Er hatte die Ellbogen auf das Steuerrad gestützt und barg den schmerzenden Schädel in beiden Händen. Normalerweise hielt er wenig von Selbstmitleid; er war der Überzeugung, jeder Mensch sei durchaus selbst für sein Glück – oder Unglück – verantwortlich. »Das Glück kann man nicht erzwingen, aber man kann es einladen«, hatte seine Mutter oft gesagt. Mum … Sie hatte ein unglaubliches Talent zum Glücklichsein gehabt, und in ihren letzten wachen Minuten eines getan: gelächelt.

Im Augenblick hatte er allerdings das Gefühl, das Schicksal behandle ihn ziemlich schlecht. Der Tod seiner Mutter und alles, was daran hing, und nun obendrein dieser Riesenkater. Ausgerechnet heute schien die Sonne strahlend von einem blauen Himmel, und die Leute standen Schlange, um zu Fungie hinauszufahren. Er war nicht ganz sicher, ob er seinem Magen das Geschaukel auf dem Boot überhaupt zumuten durfte.

Mit schiefem Grinsen riss er sich zusammen. Ein Kapitän, der seekrank wurde … unvorstellbar! Ihm war noch nie auf See schlecht geworden. Weder auf dem rostigen Containerschiff, auf dem er zwei Jahre lang gejobbt hatte, noch auf dem stinkigen Fischkutter in der stürmischen Biskaya oder auf der Fährlinie von Irland nach Frankreich, wo er als Siebzehnjähriger als Ferienaushilfe gearbeitet hatte. Weshalb sollte er heute damit anfangen? Die *Mermaid* war tadellos sauber und gepflegt, und hier in der riesigen Hafenbucht sah die Wasseroberfläche spiegelglatt aus. Draußen mochte es etwas Dünung geben; immerhin handelte es sich um den Atlantik. Aber das hielt er aus, wäre ja gelacht.

Ronán hob vorsichtig den Kopf, kniff die Augen zusammen und spähte hinüber zum Landesteg, ob er schon dran war. Nein, Michael half seinen Fahrgästen noch beim Einsteigen. Seufzend grub Ronán seine Sonnenbrille aus dem Kasten neben dem Sitz. Die dunklen Gläser würden ihm die Illusion eines abgedunkelten Raumes geben, und das war genau, was er sich wünschte. Als er den Motor startete und langsam hinübertuckerte, wechselte seine Stimmung von Selbstmitleid zu Selbstvorwürfen: Warum hatte er bloß gestern derartig viel gesoffen? Er hätte sich doch denken können, dass er es würde büßen müssen! Aber dann wurde er wieder zum Realisten: Schließlich war es der Wrens Day, da gehörte Bier einfach dazu! Na und? Es war herrlich gewesen. Seit Monaten hatte er nicht so einen unbeschwerten, sorgenfreien Tag erlebt. Die wilde Musik hatte alle Trübsal fortgeblasen, die verkleideten übermütigen Menschenmassen waren eine Freude für die Augen, und das Guinness hatte wunderbar geschmeckt, bis zuletzt.

So, und jetzt Schluss mit dem wehleidigen Gejammer und ran an die Arbeit!

Seine junge Cousine Ginny Noonan, die mit ihm arbeitete, sprang an Bord, sobald er angelegt hatte.

»Voll ausgebucht, fünfundzwanzig Leute! Und noch zwei andere Fahrten hinterher. Was die bloß alle in Dingle wollen, mitten im Winter?«, schimpfte sie. »Mann, und ich hab so gehofft, dass ich heut im Bett bleiben kann!«

»Ach, du auch?« Ronán musterte sie. Ja, sie wies Anzeichen einer durchzechten Nacht auf: dunkle Ringe unter den Augen, blasse Haut, Reste von Make-up.

Ginny zuckte die Schultern und grinste breit. »Bin erst um sieben heimgekommen … Aber der Abend war das ganze Schädelweh wert!«

Als sie den Leuten beim Einsteigen half, wirkte sie fröhlich und gut gelaunt wie immer. Ronán ertappte sich dabei, dass er Ausschau hielt nach einer jungen Frau mit einem grün-weißen Harlekingesichtchen und leuchtenden braunen Augen. Ungeduldig schüttelte er den Kopf. Sie tauchte bestimmt nicht auf, sonderlich begeistert von Fungie hatte sie nicht geklungen. Im Übrigen hatte sie vermutlich die Farbe längst abgewaschen, und ob er sie ungeschminkt überhaupt erkennen würde, schien ihm fragwürdig. Er wusste ja nicht einmal, welche Haarfarbe sie unter der grünen Perücke versteckte. Vielleicht traf er die junge Frau erst im nächsten Jahr am Wrens Day wieder …

Ginny griff nach dem Mikrofon. »Willkommen an Bord der *Mermaid*! Toller Tag heute, wie? Wir fahren jetzt zuerst hinaus aufs offene Meer und sehen, ob wir Fungie finden. Er ist ja ein wild lebender Delfin, der seine eigenen Wege geht und sich selbst versorgt. Er jagt seine Beute draußen auf dem Atlantik. Aber keine Sorge: Fungie weiß genau, was sein Beruf ist, und er nimmt ihn sehr ernst. Wenn er die Ausflugsboote hört, taucht er auf! Ach, noch etwas: Falls jemand kalte Ohren kriegt, bei uns gibt es erstklassige Mützen zu kaufen, warm, weich und bunt. Unser Käpten strickt sie persönlich.«

Das löste wie immer Witzeleien und Fragen aus und erzeugte eine gute Atmosphäre. Drei Leute kauften tatsächlich nach langem Probieren und Auswählen Wollmützen; sie hatten sich von der Sonne täuschen lassen. Auf dem Wasser war es bitterkalt, und der Fahrtwind verstärkte das.

Der Tag blieb sonnig, das Meer glatt, und Fungie benahm sich tadellos. Das heißt, er ließ sich rasch finden, schwamm bereitwillig mit in die Bucht und vollführte wilde Sprünge neben den Booten, sodass die Touristen jubelten.

Ronáns Kopfweh verging bald an der frischen Luft, er hatte vorsichtshalber das Seitenfenster im Steuerhaus weit geöffnet. Als er jedoch die letzte Ladung Fremde um vier Uhr an Land setzte, war er erleichtert. Jetzt ein rasches Bier mit einem guten Schuss Limonade im Marina Inn und dann nichts wie heim, zu Fertigpizza und einer großen Kanne Tee. Ein paar Runden stricken, ein paar Hörbuchkapitel dazu, und zeitig ins Bett!

So wohl sollte es ihm allerdings nicht werden; seine Pläne wurden durchkreuzt. Im Pub traf er Gerry Moore, den Boss der *Quay Wrens*. Auch dieser klagte über einen dicken Kopf, den er mit Tee zu bekämpfen suchte. Aber er sprudelte über vor neuen Ideen: Verbesserungsvorschläge für das Banner, zusätzliche Melodien, ein besseres Informationssystem für die Teilnehmer und noch vieles mehr. Gerry wollte außerdem festlegen, wann und wo das Geld gezählt würde, und der Termin für die Abschlussfeier, den sogenannten Ball, musste beschlossen werden. Als das alles erledigt und durchdiskutiert war, hatte auch Ronán sein Glas geleert und er stand auf, um heimzuradeln.

Eine Frau betrat das Lokal, gerade als er es verlassen wollte. Höflich hielt er die Tür auf, im Geist bereits auf dem heimischen Sofa. So überraschte es ihn ziemlich, dass er plötzlich heftig umarmt wurde. Er erkannte das Parfüm, bevor er das Gesicht sah: Nancy, die Journalistin aus Los Angeles. Während er die Umarmung einigermaßen unverbindlich und distanziert erwiderte, kämpfte er eine neue Welle von Selbstmitleid nieder. Nancy konnte schließlich nichts dafür, dass er verkatert war und Sorgen zuhauf hatte, selbst ohne ihre Anwesenheit. Bloß ging sie ihm schrecklich auf die Nerven mit ihrer überschwänglichen Art.

Sie löste sich von ihm und schob ihn zurück ins Pub, um ihn anzustrahlen. »Ronán! Genau der Mensch, den ich am allerliebsten sehen will, läuft mir in der ersten Stunde in die Arme!« Sie lachte affektiert. »Ja, ich bin wieder hergeflogen, weil ich solche Sehnsucht hatte ...«, hier ließ sie eine Kunstpause und schenkte ihm einen koketten Augenaufschlag, »solche Sehnsucht nach Dingle, weißt du? Ohne diese Stadt kann ich einfach nicht mehr leben.« Geschickt manövrierte sie ihn zurück zur Bar, wo Gerry und der Barmann Mike amüsiert die Begegnung beobachteten.

Ronán machte sie miteinander bekannt, in der Hoffnung, damit ihre Aufmerksamkeit etwas von sich abzulenken. Viel nutzte es jedoch nicht. Sie bestellte sofort zwei Whiskeys, schob einen davon Ronán zu und sagte bedeutungsvoll: »Auf meine Heimkehr an meinen Lieblingsort!«

Es blieb ihm nichts anderes übrig, als ihr zuzuprosten. »Herzlich willkommen«, murmelte er höflich und nippte an seinem Glas. Während die wortgewandte Kalifornierin von Dingle schwärmte, beklagte, dass sie den Wrens Day versäumt hatte, von ihren erfolgreichen Reportagen in renommierten Illustrierten berichtete und ihren Aufenthalt plante, grübelte Ronán. Das war einfach, denn zur Unterhaltung brauchte er wenig beizutragen. Ab und zu eine einsilbige Bemerkung genügte vollauf, um Nancy in Schwung zu halten.

Er hatte sie Anfang August kennengelernt, als sie kam, um eine Reportage über Fungie, den Dingle-Delfin zu schreiben. Zunächst rein zufällig auf seinem Boot gelandet, achtete sie bei weiteren Ausflügen darauf, immer mit Ronán zu fahren. Er hatte nichts einzuwenden, war sie doch unterhaltsam und geistreich genug, um ihn von seinen Sorgen abzulenken – damals hatte seine Mutter bereits im Krankenhaus gelegen, und man war sicher, dass sie auch dort bleiben würde.

Nancy Hiller war etwas älter als er, sah großartig aus mit ihrer schwarz gefärbten Mähne, den hellblauen Augen, dem sonnengebräunten Teint und der schlanken, durchtrainierten Figur. Ihre Begeisterungsfähigkeit schien keine Grenzen zu kennen und wirkte sehr ansteckend. Ronán hatte erst viel zu spät gemerkt, dass ihre Begeisterung nicht nur dem Delfin, dem Städtchen, und Irland im Allgemeinen, sondern ganz speziell und persönlich ihm selbst galt … Leider erwiderte er diese Gefühle nicht. Er fand Nancy zwar attraktiv und bewunderte ihre Tüchtigkeit, aber sie brachte nichts in ihm zum Schwingen. Perfektion zog ihn nicht an, er liebte Stille und Einsamkeit viel mehr als Fröhlichkeit und betriebsames Streben. Der Wrens Day war davon natürlich ausgeschlossen; ab und zu durfte es gern laut und lustig sein.

Als sie nach einem verlängerten Aufenthalt schließlich wieder abflog, war er sehr erleichtert und widmete der neuen Bekannten weiter keinen Gedanken. Aber Ende September war sie zurückgekehrt. Urlaub, hatte sie strahlend verkündet. Das Wetter zu der Zeit war ausgesprochen gut: warm, sonnig und fast windstill. Daher fuhr er täglich mindestens viermal hinaus zu Fungie. Einmal pro Tag kam sie mit, obgleich die Tickets nicht billig waren. Am vierten Tag bot ihr das Büro bereits eine Dauerkarte zum Sonderpreis an, was sie gern akzeptierte. Fortan begleitete sie ihn beinahe auf jedem Trip. Auch an Land ließ sie nicht locker: Sie überredete ihn zu Kneipenbesuchen nach der Arbeit, lud ihn zu Ausflügen mit ihrem Mietwagen ein und verabredete sich mit ihm zum Essen.

Tja.

Es kam ein Abend, an dem seine Abwehrkräfte schlappmachten ... Nancy hatte einige Bekannte zusammengetrommelt; sie zogen durch die Kneipen. Angesteckt von der Stimmung, ließ Ronán sich gehen, trank viel mehr, als er vertrug, war so ausgelassen wie der Rest der Gesellschaft. Es endete vorhersehbar: Plötzlich war er allein mit der Journalistin, die sich schutzbedürftig an ihn lehnte.

Gemeinsam taumelten sie hinunter in den Hafen, wo sie ein Appartement gemietet hatte. Sie jammerte über die steilen dunklen Treppenstufen – die Ferienwohnung lag etwas erhöht hinter der ersten Häuserzeile – und galant begleitete er sie bis in ihr Schlafzimmer.

Heute noch machte er sich Vorwürfe deswegen. Der einzige Lichtblick an der Angelegenheit war, dass sie ihm wenigstens ein Kondom gegeben hatte. »Babys und Karriere passen nicht zusammen«, hatte sie gekichert.

Viel wusste er nicht mehr von dem, was geschehen war. Er erinnerte sich nur, dass er später heimgeradelt war, und zwar mit mehreren Stürzen. Zuletzt musste er das Rad stehen gelassen haben, er fand es am nächsten Tag in der Nähe der Brücke. Am selben Nachmittag hatte sich eine Gelegenheit gefunden, allein mit Nancy zu sprechen. Es war regnerisch und windig gewesen, und nur wenige Touristen wollten zu Fungie hinausfahren. So hatte er nur eine Tour fahren müssen und saß hinterher mit einer Tasse Tee im *John Benny's*, wo die junge Frau ihn aufstöberte.

»Na, endlich treffe ich dich«, rief sie damals erfreut und machte Anstalten, ihn zu umarmen.

Ronán war ihr ausgewichen. »Nancy«, begann er verlegen, »es tut mir furchtbar leid, dass ich mich heut Nacht vergessen hab. Bitte sei mir nicht bös deshalb!«

»Bös? Es war wunderbar!«

Fast hätte er gelacht. Auch wenn seine Erinnerung verschwommen war, so viel wusste er genau: Er war ganz gewiss zu besoffen gewesen, um einen wunderbaren Liebesakt hinzukriegen. Es grenzte eher ein Wunder, dass es überhaupt annähernd dazu gekommen war. »Ich mach das sonst nie«, fuhr er fort, »weil ich eigentlich wenig von One-Night-Stands halte.«

Aus hellen Augen blickte sie ihn schelmisch an. »Nein? Aber wer sagt denn, dass es einmalig bleiben soll? Ich hätte nichts gegen eine Wiederholung einzuwenden …«

Was sollte er tun? Musste er sich noch deutlicher ausdrücken? Konnte er ihr sagen, dass das für ihn keine Option war, weil er nicht in sie verliebt war? Sie würde sich zurückgewiesen fühlen; das wollte er nicht.

Für den Moment ergriff er die Flucht. »Ich muss zum Bus, jemanden in Tralee treffen«, erklärte er, ließ seinen Tee stehen und verschwand, bevor sie sich als Chauffeurin anbieten konnte.

So war er ins Krankenhaus gefahren und hatte wieder einmal am Bett seiner Mutter gesessen. Sie lag unverändert, gab kein Lebenszeichen von sich. Ronán erzählte ihr von Dingle, von Fungie, von dem schönen neuen Holzboden in seinem Cottage. Vielleicht hörte sie ihn ja auf einer anderen Ebene. Die Amerikanerin erwähnte er mit keinem Wort.

Kurz danach hatte Nancy zu seiner Erleichterung die Rückreise angetreten.

Und nun war sie zurück …

Etwas trübselig hockte er an der Bar und schob sein fast unberührtes Glas hin und her. »Auf jedem Weg ist eine Pfütze«, hatte seine Großmutter zu sagen gepflegt. Seine Pfütze hieß Nancy … Nur oberflächlich lauschte er der munteren Unterhaltung, die sie mit allen Anwesenden führte. Offenbar war sie auf der Jagd nach weiteren Reportagen, denn als jemand Grazeland in Ballyferriter erwähnte, schien sie die Ohren zu spitzen.

»Grazeland, nicht Graceland? Richtig?«, wandte sie sich an den kräftigen Mann mit struppigem

Haar und Bartstoppeln, der den Namen genannt hatte.

Er grinste. »Jaja, wirklich Grazeland. Mit Elvis hat das nichts zu tun, obwohl einer unserer Esel so heißt. Der singt aber auch so wunderschön! Nein, es ist eine Freistatt für ausgesetzte und unerwünschte Pferde oder Esel. Gemeinnützige Stiftung. Tolle Angelegenheit.«

»Und verdammt nötig«, knurrte der Barmann, ein Pferdenarr, der selbst zwei Connemara-Ponys hielt.

Gemeinsam erklärten sie der Journalistin die Situation: schlechte Zeiten, Verteuerung der Futtermittel, Arbeitslosigkeit. Viele Pferdebesitzer konnten sich die Tiere nicht mehr leisten, und wenn sich keine andere Möglichkeit ergab, setzten sie ihre Vierbeiner eben irgendwo aus, weit weg von ihrem Wohnort. Sooft Maura Galagher, die Betreiberin der Freistatt, von solch armen, heimatlosen Tieren hörte, sammelte sie diese ein und bot ihnen Asyl auf ihrem großen Gelände.

Nancy lauschte aufmerksam. »Das ist ja hochinteressant! Warum hab ich noch nie davon gehört?«

»Och, wir haben ja erst vor vier, fünf Monaten aufgemacht«, erklärte der Struppige. »Ich arbeite da als Gärtner, Hausmeister, Stallbursche. Gestatten, Paudie.« Er streckte ihr die Hand hin.

Die Amerikanerin verlor keine Zeit; sie packte ihr Mobiltelefon aus, bat Paudie um die Erlaubnis, ihn zu interviewen, schaltete auf Aufnahme und begann sofort mit der Recherche.

Ronán nutzte die Gelegenheit, unauffällig zu verschwinden. Den spendierten Whiskey ließ er einfach stehen.

Am folgenden Tag tobte ein böser Sturm. Gewaltige Wellen türmten sich auf, und selbst im geschützten Hafenbecken war das Wasser kabbelig und wild. Es gab keine Fungie-Touren.

Ronán war zufrieden damit. Er lieh sich das Auto seines Nachbarn aus und holte Erin ab, seine Schwester. Mit ihr verbrachte er einen geruhsamen Tag. Sie half ihm, das Wohnzimmer zu streichen; für Außenarbeiten war das Wetter viel zu scheußlich.

Später kochten sie zusammen Spaghetti mit Tomatensoße und schauten fern, bis er Erin zurückbrachte nach Binn Ban, wo sie ja immer noch untergebracht war. Nancy traf er nicht – sie hatte nämlich keine Ahnung, wo er wohnte. Zwar hatte sie mehrmals das Thema angeschnitten, seine angeborene Vorsicht warnte ihn jedoch jedes Mal. Schließlich war es schlimm genug, dass Nancy ihm jederzeit nach der Arbeit auflauern konnte oder ihn sogar dabei begleiten wollte. Da gab es nicht die geringste Ausweichmöglichkeit für ihn, den Käpten. Aber er legte Wert auf seine Privatsphäre und so hielt er sein Cottage erfolgreich geheim.

Zufrieden sah er sich um. Seine Großeltern hatten hier gelebt, allerdings kannte er nur die Oma. Der Großvater war auf dem Meer geblieben, als Ronán noch ganz klein war. Die

Geschichte hatte er oft gehört: Joseph Kavanagh war als Held gestorben.

Sie ziehen Hummerreusen hoch. Gestern haben sie die Reihe ausgelegt, gesichert und gekennzeichnet durch rote Plastikschwimmer. Die sind haltbarer und besser als die alten Korkschwimmer und schwer zu kriegen, aber Joseph hält viel von Fortschritt und hat sich mit den modernen Bojen ausgestattet. Das kommt ihnen nun zupass, denn in dem ungewissen Licht – es ist ein grauer Tag mit unruhigem Seegang – findet man sie leicht wegen ihrer leuchtenden Farbe.

Die Körbe liegen dicht an den senkrechten Klippen östlich vom Leuchtturm, hier sind die Hummer am größten. Allerdings ist es auch am gefährlichsten, und man muss genau auf die Strömungen achten. Heute ist es durch einen Motorschaden etwas später geworden, als es gut wäre; die Flut drängt schon heran.

Prüfend betrachtet Joseph den Himmel und die Klippen. »Das schaffen wir gerade noch«, brummt er und winkt dem Jungen am Steuerrad, näher an die Küste zu lenken. Dann übernimmt er selbst das Ruder, während sein Helfer Mihal die Töpfe einzeln herausholt und an der Seite stapelt.

Es ist ein guter Fang; in den meisten Reusen steckt ein Hummer, und so manches Prachtexemplar ist darunter. Sorgfältig hält sich der Fischer im rechten Abstand zu der Felswand, achtet nebenher auf Wind und Wellen und gibt ab und zu dem Jungen eine Anweisung. Aber der stellt sich ohnehin geschickt an, obwohl er erst vierzehn ist, ein schmächtiger kleiner Kerl. Joseph ist zufrieden mit ihm.

Eine Reuse hat sich offenbar in den Seilen verheddert. Mihal zerrt und zieht, kann sie jedoch nicht freibekommen. Er beugt sich im Eifer des Gefechts weiter hinaus, und plötzlich geht er mit einem Platsch über Bord.

Joseph ist mit einem Satz an der Reling und wirft den Rettungsring. Mihals Gesicht kommt für einen Augenblick zum Vorschein, verschwindet ab gleich wieder. Joseph versteht: Der Junge hängt fest. Noch ein prüfender Blick auf das Wetter, dann springt er selbst ins eisige Wasser. Er taucht, greift die Schulter des Jungen, taucht tiefer. Aha, hier ist die Leine. Es gelingt ihm, dessen Fuß aus der Schlinge zu befreien. Einen Arm sicher um Mihal gelegt, schwimmt er zurück an die Oberfläche. Dort erwischt er den Bootsrand, krallt sich daran und wuchtet mit einer ungeheuren Anstrengung den prustenden Burschen in den Kutter.

Als er nun selbst hinüberklettern will, schlägt das Meer zu: Eine Welle, größer und mächtiger als die anderen, ergreift das Boot und drückt es sanft, aber unnachgiebig gegen die Klippe. Für Josephs Brustkorb ist der Druck zu stark; er wird zerquetscht und stirbt auf der Stelle.

Wie Mihal es geschafft hat, den schweren Körper zu bergen und den Kutter gleichzeitig von den Felsen fernzuhalten, wird er nie erklären können. Als er eine halbe Stunde später an der Mole anlegt, schlottert er vor Kälte, Schock und Trauer. Er kommt mit einer Lungenentzündung davon.

Joseph Kavanagh hingegen ist tot.

Ja, und deshalb hatte Ronán seinen Großvater nie richtig kennengelernt. An die Oma jedoch erinnerte er sich gut. Sie war wirklich etwas Besonderes gewesen. Für jede Situation hatte sie ein passendes Sprichwort parat. Das Leben und seine Schicksalsschläge nahm sie hin, ohne sich aufzulehnen. Es war, wie es war. Man konnte nichts daran ändern. Das machte sie zu einem ruhenden Pol in den Wirren des Erwachsenwerdens, und Ronán hatte viele Stunden bei ihr verbracht.

Während sie Marmelade kochte oder Pullover strickte, hatte sie ihm Geschichten in der alten Sprache erzählt. So hielt sie sein Irisch lebendig. In seiner eigenen Familie wurde Englisch gesprochen; seine Mutter stammte aus Dublin, und dort hatte diese Sprache schon im neunzehnten Jahrhundert das Irische verdrängt.

Der junge Mann liebte diese Nachmittage in dem gemütlichen Cottage, und er wurde nie müde, die alten Sagen, Märchen und Anekdoten zu hören. Seine Großmutter war eine begnadete Erzählerin, die auch auf der ganzen Dingle-Halbinsel bekannt war. Ihre Geschichten hatte sie sorgsam gesammelt, nicht etwa schriftlich, sondern im Gedächtnis, wie es in Irland seit Urzeiten üblich war …

Mit einem Seufzer kehrte Ronán in die Gegenwart zurück. Diese Zeiten waren vorbei. Er selbst hatte sich vieles gemerkt. Aber wem sollte er wohl irische Geschichten erzählen? Seine Geschwister hatten bisher keine Kinder, und er selbst mochte auch nicht in diese Richtung planen. Also würde der Schatz seiner Großmutter verschwinden … jammerschade!

Doch ihr Häuschen, das sie ihm nach ihrem Tod vor drei Jahren vererbt hatte, das hatte er aufpoliert. Das sollte noch lang weiterbestehen, selbst wenn es schon über ein Jahrhundert auf dem Buckel hatte. Alle alten Fenster hatte er nach und nach durch doppelverglaste mit Aluminiumrahmen ersetzt; das Dach war neu gedeckt. Schlafzimmer und Wohnraum hatten bereits einen ordentlichen Dielenboden und frisch gestrichene Wände. Als Nächstes wollte er eigentlich Küche und Bad renovieren, allerdings war jetzt der Anbau wichtiger.

Er trat aus der Hintertür und schaltete den Scheinwerfer an. Am schwierigsten war es gewesen, den genauen Umriss festzulegen. Sein Freund Johnny hatte ihm bei der Schalung geholfen. Auch die Bodenplatte hatten sie gemeinsam gegossen, dann aber hatte der Hausbesitzer allein weitergeschuftet. Jeden Tag ein paar Steine, Schritt für Schritt. Bis in Schulterhöhe waren die Mauern inzwischen fertig, und man konnte sich die Räume gut vorstellen. Hier entstand das neue Wohnzimmer; Erin bekam das frühere. Die alte Hintertür wollte er entfernen, die Öffnung verbreitern und dadurch Küche und Wohnzimmer zu einem großen offenen Bereich verbinden. Ein zusätzliches modernes Bad im Anbau würde von beiden Schlafzimmern aus erreichbar sein. Die uralte Badewanne aus dem alten Bad kam raus, das gab Raum für die Waschmaschine und einen Wäscheschrank.

Eigentlich lächerlich, dachte er. So viel Platz für sie zwei allein! Sein Vater war mit vier Geschwistern und den eigenen Eltern in dem Cottage aufgewachsen, zu siebent also, und dennoch hatte er sich nie beschwert ... Nun, das waren andere Zeiten gewesen. Wenn er jedoch sein Leben mit seiner Schwester verbringen sollte, dachte Ronán, so wollte er die Möglichkeit haben, eine Tür hinter sich zuzumachen und allein zu sein.

Auch an den nächsten beiden Tagen fuhr kein Boot aus. Ronán nutzte die Zeit, die Mauern weiter hochzuziehen. Nun fehlte nur noch eine Reihe vor der Decke. Wenn es dunkel wurde, radelte er nach Binn Ban, um Erin zu besuchen.

Am Dienstag begrüßte sie ihn höchst aufgeregt. »Morgen reiten«, berichtete sie und nickte energisch. »Esel oder Pferdchen!«

Er nahm an, sie meinte die zwei Esel, die der Gemeinschaft gehörten. Dass Erwachsene auf den zierlichen Tieren reiten durften, wunderte ihn, aber er freute sich über Erins Begeisterung.

Hinterher trank er ein friedliches Pint in einer winzigen Kneipe, die Nancy vermutlich nicht kannte. Für morgen war besseres Wetter angesagt, da würde sie ihn bestimmt zu finden wissen. Außerdem war Silvester. Er seufzte. Erfahrung hatte ihn gelehrt, dass Frauen an diesem Tag immer besonderen Wert auf Geselligkeit legten. Ihm wäre es am liebsten, den Abend wie alle anderen daheim zu verbringen. Na, nicht ganz. Das Feuerwerk um zehn wollte er nicht versäumen; und dem Rummel hinterher konnte er ja vielleicht entfliehen.

5

Molly freute sich auf den Nachmittag. Die Camphill-Gruppe wurde zur ersten Reitstunde erwartet. Sie hatte Maura vorgeschlagen, die Leute einmal pro Woche kommen zu lassen. Die Tierärztin war sofort einverstanden gewesen – schließlich war sie ausgebildete Reittherapeutin, und es konnte Grazeland nur positives Renommee bringen, wenn hier karitative Einrichtungen gefördert wurden.

Gleich nach dem Mittagsimbiss begannen die beiden Frauen, die Tiere in zwei Gruppen aufzuteilen. Die großen Pferde brachten sie auf die Ostweide; heute sollten die Ponys und Esel zum Reiten eingesetzt werden.

Der Kleinbus fuhr vor. Sieben Menschen mit geistiger Behinderung stiegen aus, und zwei Betreuer. Molly ließ den Blick etwas unsicher über die Ankömmlinge gleiten. Sie hatte wenig Erfahrung im Umgang mit behinderten Erwachsenen. Kinder mit Down-Syndrom waren ihr von ihrem Einsatz in der katholischen Jugend von Waterford her vertraut.

Auch die Besucher verhielten sich anfangs scheu. Maura führte sie nach der Begrüßung an den Zaun der Hauskoppel und erklärte: »Da seht ihr unsere Tiere. Wer möchte eines streicheln?«

Zögernd meldete sich ein großer fülliger Mann mit einem gutmütigen Mondgesicht.

Maura nickte ihm zu. »Ich bin Maura. Wie heißt denn du?«

Er hieß Patrick. Als er gefragt wurde, welches Tier er kennenlernen wollte, deutete er auf ein hellbraunes Fohlen, das mit seinen acht Monaten noch lange nicht ausgewachsen war. Molly schauderte bei der Vorstellung, dass er vielleicht auch auf dem kleinen Hengst reiten wollte – doch die Tierärztin wusste ja wohl, was sie tat.

Sie nahm Patrick bei der Hand und führte ihn auf die andere Seite. Dann erklärte sie: »Der heißt Socks, weil er vier weiße Strümpfe anhat.« Die Gruppe lachte, aber Patrick war zu aufgeregt. Maura rief das Pferd und zeigte ihm, wie er es berühren sollte.

Beim Anblick seiner beseelten Miene verstand Molly, dass er ein Kind geblieben war, obwohl er graue Haare hatte. Vielleicht würde es gar nicht so schwierig werden, wie sie befürchtet hatte.

Die Freundin warf ihr einen auffordernden Blick zu; sie war an der Reihe. Sie wandte sich an das Mädchen, das neben ihr stand und sehnsüchtig zu den Eseln schaute. »Möchtest du denn auch gern eins anfassen?«

Mit der typischen Begeisterungsfähigkeit von Menschen mit Down-Syndrom strahlten die Augen in dem runden Gesicht auf.

Molly nannte ihren Namen und erfuhr, dass die junge Frau, die so eifrig nickte, Erin hieß.

Zielsicher zeigte diese auf das dunkle Eselfohlen, ebenfalls noch nicht völlig ausgewachsen.

»Weißt du was? Das ist auch mein Liebling. Der Kleine heißt Rumpelstilzchen, weil er so gern wild herumspringt. Er ist aber ganz lieb. Komm, wir locken ihn her.«

Das war eine der Hauptaufgaben beim Training der Tiere gewesen: Sie reagierten alle auf ihren Namen und kamen auf Zuruf herbei. Rumpelstilzchen folgte sofort und ließ sich bereitwillig kraulen.

Andächtig legte Erin eine Hand auf die helle Schnauze. »Weich«, sagte sie leise.

Nach und nach hatte sich jeder ein Tier ausgewählt und ein bisschen kennengelernt. Nun durfte reiten, wer Lust hatte. Heute, am ersten Tag, gingen nur drei dieses Wagnis ein, nämlich Patrick, Erin und ein schlanker Mann mit einem scheuen Gesichtsausdruck. Maura verteilte Helme und half ihnen gemeinsam mit Molly beim Aufsteigen auf die starken Ponys. Patricks Füße berührten fast den Boden, aber er saß glückselig strahlend auf dem ungesattelten breiten Rücken seines Pferdchens. Auch die anderen zwei genossen es sichtlich, um die Koppel herumgeführt zu werden.

Als Maura am Ende fragte, ob sie nächste Woche wiederkommen wollten, riefen alle wie im Kasperltheater laut: »Ja!« Die Betreuer lachten.

Molly hatte ihre Bedenken völlig verloren; es war wirklich kaum anders als beim Umgang mit Kindern. Auch dass nun alle noch schnell auf die

Toilette mussten, erinnerte sie an ihren Einsatz im Jugendzentrum in Waterford.

Sie wies ihnen den Weg und blieb selbst in der Küche; es war Zeit, das Abendessen vorzubereiten. Heut war ja Silvester, und Brendan mit seiner Tante und Paudie waren eingeladen. Da wollte sie sich nicht lumpen lassen. Sie setzte Wasser auf und legte Eier hinein, sobald es sprudelte. Nachdem die Eieruhr eingestellt war, holte Molly aus dem Kleingewächshaus im Hinterhof ein paar frische Kräuter. Dabei fielen ihr die Hunde ein, die sie vorsichtshalber im alten Stall eingesperrt hatten, da sie die Besucher nicht durch zu viele Tiere hatten aufregen wollen. Jetzt waren die meisten längst wieder in ihren Transporter geklettert, also konnten die zwei jungen Border Collies wohl keinen Schaden mehr anrichten.

Bella und Donna sprangen wild an ihr hoch, als sie die Tür aufmachte – das hatten sie ihnen immer noch nicht abgewöhnen können –, und tobten glücklich neben ihr her in die Küche.

Sie erstarrte. Erin stand am Herd, über den Topf gebeugt. Meine Güte, das kochende Wasser! Wenn sie sich nun verbrühte! Als das Mädchen sich umdrehte, blieb es stocksteif stehen, wahrscheinlich erschreckt von Mollys schockiertem Gesichtsausdruck. Es hielt einen Löffel in der Hand, und darauf balancierte ein gekochtes Ei.

»Was machst du denn hier?« Molly bemühte sich um eine möglichst ruhige Stimme.

»Eier waren fertig. Der Wecker hat geklingelt. Müssen abgeschreckt werden.« Die Verbalisierung schien Erin daran zu erinnern, dass diese Aufgabe noch nicht erledigt war. Konzentriert trug sie das Ei zur Spüle und ließ kaltes Wasser darüber laufen, bevor sie es behutsam in einer Schale absetzte. Dann erst wandte sie die Aufmerksamkeit den Hunden zu, die sie interessiert beschnupperten. Ein breites Lächeln erhellte ihr Gesicht, und sie streichelte zärtlich über die schwarzen Köpfe der beiden.

Molly stand noch immer an der Tür. Rasch eilte sie zu dem altmodischen Elektroherd und schaltete die Platte aus.

Erin spielte mit Bella und Donna, erklärte aber entschuldigend mit einem Blick zum Herd: »Hab nicht gewusst, wie das geht. Bei uns ist Gas.«

Das war ja erstaunlich! Das Mädchen hatte offenbar Erfahrung beim Kochen. Es war aus der Toilette gekommen, hatte das Klingeln gehört und war dem Ton gefolgt. Und es hatte selbstständig und souverän erkannt, was der Alarm bedeutete und entsprechend gehandelt. Konnte man da von geistiger Behinderung sprechen? Molly sagte: »Erin, das hast du prima gemacht. Ich hatte Angst, dass du dich verbrühst.«

»Heißwasser ist gefährlich!«, bestätigte diese und fügte stolz hinzu: »Aber ich weiß, wie ich das machen muss.«

»Du bist wohl oft in der Küche?«

»Ja, helfe oft. Kochen ist so schön. Und Backen erst!«

Die rothaarige Betreuerin, die auch den Kleinbus fuhr, kam herein, auf der Suche nach ihrem letzten Schäfchen. »Wo bleibst du denn so lang, Erin? Wir wollen fahren.«

Willig folgte ihr Erin, aber vorher umarmte sie Molly liebevoll. »Will gern wiederkommen. Darf ich?«

Molly drückte sie. »Freilich. Dann können wir miteinander backen, wenn du magst«, schlug sie lächelnd vor.

»Ja! Ja!« Erin strahlte übers ganze Gesicht.

Die Freude der jungen Frau erwärmte Mollys Herz. Sie musste daran denken, sie wirklich einmal zum Kochen einzuladen. Ob sich das arrangieren ließ? Warum nicht, sie konnte Erin ja hinterher selbst zurückbringen.

Während sie nun die harten Eier mit Avocadocreme füllte und die restlichen Gänge fürs Dinner vorbereitete, dachte sie über ihren jüngsten Plan nach. Schuld daran waren eigentlich ihre Freundin Maura und deren Verlobter. Die beiden benahmen sich in der Küche völlig hilflos, hatten sie sich doch jahrelang von Fertiggerichten aus der Mikrowelle ernährt. Brendan war dabei, ihr in der neuen Wohnung eine derart fantastische Küche einzurichten, dass sie ja auf dumme Ideen kommen *musste*.

Molly grinste. In vier Wochen könnten sie einziehen, hatte er versprochen. Dann würde sie sofort loslegen …

»Du willst *was*?« Mauras Augen weiteten sich erstaunt. Sie saßen bei der Hauptspeise.

Molly lachte leise in sich hinein. »Du hast mich schon richtig verstanden. Ich werde ordentliches Essen kochen, es in Plastikbehältern portionieren, einfrieren und einmal pro Woche an meine Kunden ausliefern.«

Ihre Freundin schnappte nach Luft. »Deine Kunden? Wer soll denn das sein?«

»Na, Singles aus der Umgebung eben. Solche, die nicht selbst kochen können. Oder wollen. So was soll's ja geben …« Sie grinste spitzbübisch.

Brendan lachte lauthals auf. »Na, mich kannst du jedenfalls in deine Kartei aufnehmen. Maura auch, denke ich.« Er nahm sich noch eine gefüllte Rindsroulade und löffelte Soße über den Kartoffelbrei.

Molly wehrte ab. »Nein, nein, für euch koche ich ja sowieso. Außer ihr wollt euren Haushalt getrennt von mir führen, wenn ihr verheiratet seid.«

Maura streckte abwehrend beide Arme aus. »Da sei Gott vor!«, stieß sie zur Erheiterung der Tafelrunde hervor. »Ich habe nicht die Absicht, zu Mikrowellenpizza zurückzukehren, bloß weil ich einen Mann hab. Aber sag mal, das muss dir doch zu viel werden! Du wolltest ja auch noch das Café betreuen, wenn es so weit ist. Und vergiss nicht, dass du vor allem für meine Kohle zuständig bist!« Maura verließ sich in dieser Hinsicht voll auf Mollys Talent, mit Geld umzugehen. Alles, was mit Rechnungen, Investments,

Aktien und Steuern zu tun hatte, lag fest in ihrer Hand.

Nachdenklich stocherte die Finanzberaterin in ihrem Salat. »Ich hab's dir schon oft gesagt: Dafür brauche ich allerhöchstens eine Stunde am Tag. Ich muss das Geld ja nicht mit der Hand umschaufeln, sondern bloß telefonieren oder online verbuchen.«

»Molly, du spinnst!« Maura schüttelte den Kopf.

Zunächst jedoch fuhren sie später alle miteinander nach Dingle, um das kommunale Feuerwerk am Hafen anzuschauen. Das Wetter war ideal: kaum Wind, wenig Wolken und kein Regen. Als sie um Viertel vor zehn ankamen, standen bereits viele Menschen da, aber sie fanden noch Plätze ganz vorn.

Während die ersten Raketen am Himmel zerbarsten und die Menge jubelte, drängte sich jemand ziemlich rücksichtslos neben Molly durch. Gerade wollte sie ärgerlich protestieren, da erkannte sie die Person: Die Journalistin aus Kalifornien war es, die am Dienstag in Grazeland aufgetaucht war, Vierbeiner und Zweibeiner interviewt, fotografiert und dokumentiert hatte. Jede Reportage in einer Zeitschrift war billige Reklame, deshalb hatten sie die Unterbrechung des Alltags ertragen, wenn auch mit knirschenden Zähnen. Denn eine Unterbrechung war es sehr wohl gewesen, obwohl Nancy sie beschworen hatte, sie gar nicht zu beachten. Wie sollte man wohl Pferde oder Esel trainieren, während dauernd jemand um einen herumsprang, eine riesige Kamera schwenkte und nebenher laufend Kommentare in ein umgehängtes Aufnahmegerät sprach? Diese Frau war unerbittlich und unentrinnbar wie eine Dampfwalze gewesen, und als sie endlich gegangen war, hatten sich Maura, Molly und Paudie wie gerädert gefühlt. Aber kostenlose Werbung war kostenlose Werbung; da mussten persönliche Empfindungen in den Hintergrund treten.

Nancy Miller schätzte es nicht, im Hintergrund zu bleiben, das war offensichtlich. Den Fotoapparat trug sie auch jetzt um den Hals, und an der Hand zog sie einen Mann hinter sich her. Typisch, dachte Molly, was für eine dominante Person! Amüsiert zog sie die Mundwinkel hoch.

So sah Ronán sie. Nancy mochte zwar seinen Geruchssinn betäubt und sein Gehör gelähmt haben, sie konnte ihn sogar der freien Willensentfaltung entheben, indem sie ihn hinter sich herzog, aber seine Augen gehörten ihm. Er erkannte Molly sofort: das herzförmige Gesicht, die großen braunen Augen, das stille Lächeln. Die Haare konnte er auch diesmal nicht sehen, sie steckten unter einer blauen Mütze. Nicht die richtige Farbe, fand er. Alle Nuancen zwischen Orange und Braunrot müssten ihr stehen. Oder dunkles Graugrün.

Die anderen um sie herum machten den beiden Neuankömmlingen gutmütig Platz. Nancy übernahm sofort die Führung. Sie stellte ihre Bekannten einander vor und schüttelte hocherfreut dem attraktiven Brendan die Hand. Seine Tante fand sie dagegen weniger aufregend, wie es schien. Glücklicherweise war sie bald damit beschäftigt, das Feuerwerk zu fotografieren, das sich langsam und wirkungsvoll steigerte.

»Wie schön, dich hier zu sehen«, sagte Ronán zu Molly.

Diese hatte ihn ebenfalls erkannt, und bei Nancys Vorstellung soeben hatte sie auch den Namen verstanden. Sie schaute ihn verlegen an. »Ich weiß jetzt, warum du mir neulich so bekannt vorgekommen bist«, murmelte sie. »Du warst am Grab, als wir bei dieser Beerdigung gespielt haben. Clare Kavanagh ... war das deine Mutter?«

Seine grauen Augen verdunkelten sich. »Das war sie. Sie hat es hinter sich ...«

Es klang fast abweisend. Molly wollte gewiss nicht aufdringlich sein; trotzdem fügte sie noch hinzu: »Ronán, es tut mir leid. Das ist bestimmt eine schwierige Zeit für dich.«

Ernst sah er sie einen Augenblick an. Ja, da hatte sie recht. Dann schüttelte er jedoch die Sorgen ab. Was für eine herrliche Überraschung, sie hier zu treffen! Er drückte ihre Hand und sagte lächelnd: »Es ist wirklich schwer. Aber heute ist kein Tag zum Traurigsein. Schau, wie schön!«

Gerade zerplatzte eine riesige Leuchtkugel mit einem Knall und schleuderte unzählige rote Lichter in den schwarzen Himmel, die dann funkelnd ins Wasser des Hafenbeckens herabrieselten. Und noch eine! Und wieder eine! Ronán trat einen Schritt zurück, um außer dem Feuerwerk auch das hübsche Gesicht seiner Nachbarin beobachten zu können. Ihre Augen strahlten von innen, so schien es ihm, während sich die Leuchtraketen darin spiegelten. Und wenn die anderen Leute laut Beifall riefen, hoben sich ihre Mundwinkel in jenem stillen Lächeln.

Nach dem großartigen Finale setzten sich die Menschenmassen wieder in Bewegung. Paudie nahm das Auto; er wünschte sich ein friedliches Jahresabschlussbier bei Tom Murphy in Ballyferriter. Auf dem Weg konnte er noch Brendans Tante absetzen, die gern heimwollte. Die anderen blieben in Dingle, wo um Mitternacht die Marching-Band die Hauptstraße hinunterzog.

Molly machte der Trubel etwas nervös. »Gibt es denn irgendwo ein Pub, wo man in Frieden ein Bier trinken kann, ohne zerquetscht zu werden?«, fragte sie.

Ronán lachte. »Wenn wir schnell genug sind, weiß ich eins.« Und schon setzte er sich in Bewegung. Nancy mit ihren langen Beinen gehörte zu den Frauen, die selbst auf extrem hohen Absätzen noch elegant laufen können; Maura und Brendan waren ebenfalls groß. Molly war kleiner, dafür trug sie aber Turnschuhe und konnte ordentlich ausschreiten. Durch eine Nebengasse führte Ronán sie im Eilschritt hinauf bis zu einem winzigen, altmodischen Pub, wo sie die letzten Hocker an der Theke ergatterten. Hier füllte es sich allerdings auch rasch; gut, dass sie so schnell gewesen waren.

Kurz vor Mitternacht standen die fünf an der Brücke, eingekeilt zwischen Hunderten von fröhlichen und meist betrunkenen jungen Menschen, und warteten darauf, dass das neue Jahr begann. Ein Countdown zeigte an einer Hauswand an, wie viele Minuten und Sekunden noch fehlten.

»Das ist ja unglaublich!«, rief Nancy. »Woher kommen all die Leute?«

Ronán lachte erneut. »Dingle zählt zu den zwölf beliebtesten Silvesterzielen weltweit«, erklärte er. »Letztes Jahr sollen zehntausend auf der Hauptstraße gefeiert haben.«

»Was? Warum hab ich davon noch nie gehört? Ich werde das morgen gleich recherchieren. Wie aufregend!« Die Journalistin war hellauf begeistert und begann sofort, zu fotografieren und die Umstehenden zu interviewen – ihr kleines Aufnahmegerät hatte sie grundsätzlich bei sich.

Molly drückte sich eng an die steinerne Brüstung, sie fand die Situation eher beängstigend. Die schrillen Stimmen der betrunkenen Mädchen und das Gegröle der jungen Männer machten eine Unterhaltung fast unmöglich. Ein Glück nur, dass in den Kneipen an den Ausgängen genau aufgepasst wurde. Wer mit einem Bier in der Hand nach draußen wollte, bekam es in einen Plastikbecher umgeschüttet, während die Gläser innen gesammelt wurden. Das war weise, denn bald begannen die Ersten im Übermut, ihre Getränke in die Menge zu schleudern.

Molly schüttelte den Kopf. Ronán stand dicht neben ihr und hielt schützend den Arm um sie gelegt, was sie dankbar registrierte.

Noch zehn Sekunden. Alle zählten nun mit: »... sieben, sechs, fünf ... –« Da plötzlich hörte man durch den Lärm hindurch die Trommelwirbel und die hellen Pfeifen der Marching-Band, die genau zum richtigen Zeitpunkt die Hauptstraße heruntermarschierte. Die Musikanten stellten sich auf einem freigehaltenen Platz auf und spielten *Auld Lang Syne*.

Ronán nutzte den Augenblick. Er nahm Molly in den Arm und gab ihr einen herzhaften Kuss. »Ein frohes neues Jahr!«, wünschte er ihr.

Sie strahlte ihn aus ihren warmen braunen Augen an. »Und dir auch, Ronán!«, antwortete sie.

Dann kam Nancy an und schlang die Arme um den Kapitän, sodass er bis auf Weiteres der Öffentlichkeit entzogen war. Inzwischen hatten aber Maura und Brendan ihren innigen Kuss beendet und umarmten Molly, sodass diese sich nicht wie das fünfte Rad am Wagen fühlen musste – der Albtraum aller Singles an Silvester!

Als die Marching-Band wieder loszog, schlossen sie sich dem Trupp an und liefen hinterher. Nancy maulte, dass sie so schnell wie möglich in die Disco wolle, bevor es dort zu voll werden würde.

Ronán hörte einfach nicht hin. Er hatte nicht die Absicht, bis in den frühen Morgen zu tanzen und zu trinken, und je eher die Journalistin das einsah und sich selbst amüsieren ging, desto besser.

Zunächst trottete sie jedoch mit den anderen mit. Irgendwann löste sich die Musikgruppe nach einem letzten Tusch auf, und sie standen auf der Straße, die längst wieder ruhig geworden war.

»Was jetzt?«, wandte Brendan sich hoffnungsvoll an Ronán. »Weißt du eine Bar, wo wir noch einen friedlichen Absacker nehmen können? Die meisten haben ja inzwischen geschlossen, wie es aussieht.« Es stimmte schon: Die normalen Sperrzeiten galten auch an Silvester, und die Pubs waren dunkel.

Ronán grinste. »Im *Marina* könnten wir durch die Hintertür, und ich denke, sie würden uns wohl noch ein Bier zapfen. Aber eben nur eins. Wer länger ausgehen will, muss in die Discos.«

Maura und Brendan liebten es, zu tanzen, doch sie hatten einen anspruchsvolleren Geschmack: Tango, Boogie und Salsa wollten sie, nicht, was der DJ heute im Nightclub auflegen würde. Also nahmen sie das Angebot gern an.

Molly hatte ebenfalls nichts dagegen; sie fühlte sich außerordentlich wohl in der Gesellschaft des Kapitäns. Ein wenig wunderte sie sich ja, denn seine Freundin machte kein Hehl aus ihrer Unlust.

»Ach, nun seid doch nicht so fad! Ein friedliches Bier könnt ihr jede Nacht trinken; an Silvester muss man tanzen und feiern. Los, lasst uns in die Disco gehen!«, drängte Nancy.

Ronán sagte ruhig zu ihr: »Du könntest schließlich einfach allein losziehen, wenn du so gern dahinwillst. Ich geh heut nicht mehr tanzen; ich bin müde.«

Nach einigem Gejammer ließ sich Nancy tatsächlich überreden und trennte sich von der Gruppe. Die anderen schlüpften durch besagte Hintertür und saßen einträchtig an der Theke bei einem letzten Pint, bis das Taxi kam und Molly, Maura und Brendan heim nach Ballyferriter brachte.

6

Am ersten Januar fuhren die Ausflugsboote wieder und wieder hinaus. Es war zwar bedeckt, aber die dünne Wolkenschicht riss von Zeit zu Zeit auf und ließ die Sonne durch. Die leuchtenden Flecken auf dem leicht unruhigen grünen Meer und Fungies Sprünge begeisterten die Besucher, und jede Fahrt war ausverkauft.

Eine verkaterte Nancy tauchte erst gegen vier auf und begleitete Ronán bei der letzten Tour. Ginny Noonan, seine Mitarbeiterin, verdrehte die Augen, als die Journalistin an Bord kletterte, aber der Käpten selbst begrüßte Nancy freundlich. Schließlich hatte er gestern einen angenehmen und kurzen Abend verbringen dürfen; er war ordentlich dankbar dafür, dass sie seine Weigerung akzeptiert hatte und allein zum Nightclub gezogen war.

Der Anruf kam, als er gerade zurück zur Mole tuckerte. Das Display zeigte, dass es Jane Foran von Camphill war, und er erschrak wie immer. Hoffentlich war nichts mit Erin!

»Hallo«, meldete er sich.

»Hi, Ronán. Keine Sorge, alles ist gut. Aber wir hatten eine Frau hier, die Erin zum Backen einladen will.«

»Was? Welche Frau? Ich weiß ja gar nichts davon.«

Jane lachte. »Glaub's gern. Das ist offenbar eine komplett neue Idee. Also: Die Frau heißt Molly O'Brien und gehört zu Grazeland. Da war gestern eine Gruppe von uns zum Reiten, und dabei hat Erin diese Frau kennengelernt. Sie sagt, ihr sei Erins Leidenschaft fürs Kochen und Backen aufgefallen, und deswegen wollte sie sie eben dazu einladen.«

Ronán nahm das Telefon vom Ohr und schaute es an, als könnte ihm das mehr Klarheit bringen. Molly O'Brien? Das war doch die nette junge Frau, mit der er um Mitternacht auf der Brücke gestanden hatte …

Er brummte: »So. Na, ich hab nix dagegen.«

»Nein, nein«, wehrte Jane ab. »So einfach machen wir uns das nicht. Du müsstest die Frau natürlich kennenlernen und deine Einwilligung geben.«

»Also gut. Ich komm raus.« Wohlweislich behielt er bei sich, dass er sie bereits kennengelernt hatte. »Aber das dauert noch etwas. Eine halbe Stunde oder so.«

»Ich hab sie zum Hafen geschickt; dachte schon, dass du demnächst Schluss machst. So könnt ihr zusammen wieder zu uns fahren, und dann kann sie Erin mitnehmen. Ist das so recht?«

Es war mehr als recht. Er hatte nicht damit gerechnet, Molly so bald wiederzusehen. Erfreut erhöhte er die Geschwindigkeit etwas und spähte zum Hafen, ob sie bereits wartete.

Ja, Molly stand da. Und endlich sah er ihr Haar: Braun war es, glatt und glänzend wie eine reife Kastanie umrahmte es das freundliche Gesicht. Im Nacken waren die Längen etwas kürzer gehalten, während sie seitlich in Kinnhöhe endeten. Ja, das passte zu ihr.

»Ist das nicht diese Molly von gestern?« Nancy schien nicht besonders begeistert von der anstehenden Begegnung.

»Ja, die ist das. Und ich habe etwas mit ihr zu besprechen wegen meiner Schwester. Ich hab also keine Zeit mehr für dich, tut mir leid.« Als er das enttäuschte Gesicht der Amerikanerin sah, lenkte Ronán ein: »Aber vielleicht könnten wir uns in einer Stunde auf ein Bier treffen, was hältst du davon? *Dick Mack's*?«

Damit schien sie zunächst zufrieden und stieg mit den Touristen aus.

Ronán winkte Molly heran. »Hallo! Schön, dich zu sehen. Ich muss das Boot noch auf die andere Seite des Hafens fahren. Kommst du mit?«

Er half ihr beim Einsteigen, bevor er sich wieder auf den Steuerplatz setzte und den Rückwärtsgang einlegte. Molly hockte sich etwas verlegen auf die Bank daneben.

»Tut mir leid, dass ich dich so überfalle. Hat dich Jane Foran schon benachrichtigt? Äh, ich hatte ja keine Ahnung, dass Erin deine Schwester ist.«

Er warf ihr einen Blick zu. »Ja, Erin gehört zu mir. Und Jane sagt, du willst mit ihr backen; stimmt das?«

»Ja. Sie war gestern bei mir in der Küche und hat mir erzählt, wie gern sie das tut. Sie ist beim Backen richtig aufgeblüht. Da dachte ich, wir könnten ein paar Kuchen machen für die ganze Camphill-Belegschaft. Ich hab gar nicht überlegt, dass das natürlich nicht so einfach geht, und dass ich zuerst die Erlaubnis des Vormunds oder der Eltern brauche …«

Er legte das Boot an und machte es fest. Dann sprang er an Land und war Molly beim Aussteigen behilflich. Während sie am Hafenbecken entlang zurück zu ihrem Auto gingen, meinte er: »Da freut sich Erin bestimmt sehr. Kuchen backen für alle; was für eine großartige Idee.«

»Hm, ja, wenn es ihr Spaß macht, würde ich das regelmäßig jede Woche mit ihr tun. Hat Camphill nicht einen Stand auf dem Bauernmarkt am Freitag? Dafür könnten wir Kekse oder kleine Kuchen herstellen.«

Ronán blieb stehen. »Molly. Jetzt schaust du erst mal, wie ihr miteinander auskommt. Und danach kannst du weitere Pläne schmieden. So sehr ich meiner Schwester den Spaß gönne, finde ich doch, dass du dich nicht gleich für längere Zeit festlegen solltest.«

Molly zuckte die Schultern und grinste. »Ja, manchmal nehm ich mir zu viel vor … Also gut. Für heute ist es schon etwas spät geworden. Aber morgen hol ich sie ab.«

Sie fuhren gemeinsam hinaus nach Binn Ban, um alles mit Jane zu besprechen.

Als sie das Büro verließen, kam Erin mit zwei anderen aus dem Garten, beladen mit Werkzeug und Körben.

»Ronán!«, jubelte sie und fiel dem Bruder um den Hals, während sie ihre Last einfach fallen ließ. Dann erkannte sie die Frau neben ihm und schlang ihre Arme um sie. »Molly«, rief sie. »Backen?«

Molly drückte sie an sich. Offenbar nahm Erins Sprachfähigkeit ab, wenn sie sich aufregte; gestern hatte sie doch ziemlich korrekte Sätze gesprochen. »Ja, Erin, ich möchte morgen mit dir backen, falls du magst. Wir machen drei Kuchen, und du darfst sie hinterher mit heimnehmen.«

Eifrig nickte die junge Frau. »Das will ich gern. Apfelkuchen?«

»Warum nicht? Und Marmorkuchen und Schokotorte.«

»Schokotorte kann ich nicht.«

»Na, dann musst du es eben lernen, oder?«

»Aber Marmorkuchen hab ich auch noch nie gemacht.« Erin war besorgt.

Molly lachte. »Ich zeig es dir ganz genau. Ist nicht schwierig; du wirst ja sehen.«

Ronán spürte es heiß hinter seinen Augen, während er die Begeisterung seiner Schwester beobachtete. Wie schön das wäre, wenn eine Freundschaft daraus entstünde! Aber nein, dafür waren wohl die Voraussetzungen zu ungleich. Molly war furchtbar nett, letztendlich jedoch handelte es sich für sie um einen kurzzeitigen karitativen Einsatz, bis es ihr nicht mehr in den

Kram passte. Und danach konnte Erin wieder schauen, wie sie mit der Enttäuschung fertigwurde. Sie musste mit ihrer Behinderung das ganze Leben verbringen, Molly hingegen ... Traurig schüttelte er den Kopf.

Sie verabschiedeten sich. Zuletzt rief ihnen Erin noch nach: »Wie geht es Rumpelstilzchen?«

Auf der Heimfahrt erkundigte sich Ronán, wer denn Rumpelstilzchen sei. Molly erzählte ihm von der Esel- und Pferdefreistatt, die sie letztes Jahr ins Leben gerufen hatten, und von den verschiedenen Bewohnern.

Er hätte gern gehabt, dass sie noch mit ins Pub kam, aber Molly wollte heim. »Bei uns gibt es immer genug zu tun«, erklärte sie. »Da ist Maura froh, wenn ich zusätzlich etwas Zeit zum Helfen finde. Wir sind grad dran, den Eseln beizubringen, einen Wagen zu ziehen ...« Sie lachte, als sie daran dachte, um wie viel einfacher das mit der gekauften leichten Kutsche ging als letztes Jahr mit dem selbst gebauten Karren.

»Schade«, meinte Ronán. »Aber vielleicht kannst du morgen vor der Backaktion mit zu Fungie rausfahren?« Als sie zögerte, fügte er hinzu: »Ich melde dich vorher an. Sag im Büro, dass ich es dir empfohlen hab, dann kostet es nichts. Und ich verspreche dir, dass es dir gefallen wird.«

»Danke. Ja, ich komme gern mit. Wann?«

»Na, gib mir deine Telefonnummer, ich schick dir eine SMS, sobald ich die Uhrzeit weiß. Es hängt ja davon ab, wie viele Leute interessiert sind und wie das Wetter ist. Morgen soll's aber sonnig werden und fast windstill; da klappt's bestimmt.«

Er tippte ihre Nummer ein, bedankte sich noch einmal für die Einladung an Erin und machte sich auf den Weg, um Nancy zu treffen.

Diese wartete bereits in dem urigen Lokal. Sie saß nicht am Tresen, wo der Barmann arbeitete, sondern an der zweiten Theke, an der früher ein Schuster und Sattler gearbeitet hatte. In den Regalen standen überall Schuhschachteln, alte Schuhe, Gummistiefel und Behälter mit Gürtelschnallen, Lederresten und Werkzeug. Dazwischen hingen Fotos von Musikern und Ölgemälde, auf denen Pubszenen abgebildet waren. Ronán liebte diese dunkle, gemütliche Bar, wo man immer irgendwelche Bekannten traf, mit denen man reden konnte. Er brachte Nancy einen Whiskey, als er sah, dass ihr Glas fast leer war. Er selbst trank Bier.

Die Journalistin war in ein Gespräch mit drei Männern aus der Pfalz vertieft. Sie machten einen ziemlich übernächtigten Eindruck; offenbar hatten sie am Vorabend ordentlich gefeiert. Nun gaben sie sich alle Mühe, ihren Kater mit Cider zu bekämpfen.

Ronán grinste in sich hinein. Das Zeug war stärker als Bier, schmeckte jedoch harmlos und fruchtig. Fremde verrechnen sich oft mit der Wirkung des beliebten Getränks.

Die Pfälzer genossen ihren Kurztrip nach Dingle sehr, wie sie stolz berichteten: Schon vier

Tage waren sie hier, allerdings noch keinmal am Meer gewesen. Kein Sightseeing, keine Landschaft. Aber alle vierundzwanzig Pubs hatten sie besucht, viele davon sogar mehrmals. Gerade wankte einer der Touristen hinaus, um sich oben am Imbissstand einen Hamburger zu holen. »Wir gehen immer abwechselnd mal was essen«, erklärte ein anderer. »Oder manchmal legt sich einer mal für zwei Stunden ins Bett. Ansonsten sind wir in den Bars – schade, dass wir morgen schon zurückfliegen müssen!«

Ronán fand dieses Urlaubsprogramm nicht besonders einfallsreich. Andererseits gab es oft Gruppen in Dingle, die nur zum Saufen kamen, es war eben eine Partystadt. Ein Glück, dass das in der Regel nur die Wochenenden betraf. Von Sonntag bis Freitag herrschte friedliche Ruhe, jedenfalls im Winter. Jeden Tag aber parkten die Reisebusse auf dem Parkplatz am Hafen und spuckten ihre Ladung Touristen aus, die für ein paar Stunden blieben: in erster Linie Amerikaner. Franzosen kamen eher mit der Familie im Auto an und wohnten in Ferienhäusern; Deutsche nahmen Mietwagen und übernachteten in Frühstückspensionen. Auch die Engländer reisten individuell, brachten jedoch meist ihr eigenes Fahrzeug mit. Im Sommer sah man manchmal sogar italienische Wohnmobile. Ob es denen in Italien zu heiß war? Ronán hatte von der Hitze in Südeuropa gehört und während seiner Zeit auf See hatte er sie in den großen Hafenstädten selbst erlebt. Er zog jedoch das irische

Wetter jederzeit vor, obwohl es häufig feuchtfrisch war.

»Wo bist du denn hingereist mit deinen Gedanken?« Lachend stieß Nancy ihn an. »Komm lieber zurück nach Dingle und hol uns Nachschub!«

Also gut, ein zweites Bier konnte er sich genehmigen. Danach jedoch verabschiedete er sich, auch wenn die Amerikanerin schmollte. Er sehnte sich nach einem ruhigen Abend zu Hause.

Unterwegs kaufte er noch ein wenig ein. Daheim kochte er einen Eintopf aus Lamm, Karotten, Kartoffeln und Zwiebeln, und zwar gleich genug für ein paar Tage. Dazu gab es eine Kanne Tee. Er kramte die bunten Wollknäuel und das Strickzeug hervor, setzte sich in den bequemen Sessel und begann eine neue Mütze, während er *Moby Dick* anhörte. Um halb elf ging er ins Bett; er hatte vor, früh aufzustehen und an seinem Anbau weiterzuarbeiten, bevor er in den Hafen musste.

Molly ließ ihr Mobiltelefon am Freitag nicht aus den Händen, ganz entgegen ihrer sonstigen Gewohnheit. Endlich piepste es. Um halb zwei sollte sie am Boot sein; das passte gut. Dann konnte sie gleich anschließend Erin abholen. Die Zutaten hatte sie schon hergerichtet und die Backformen bereitgestellt. Das Abendessen würde sie eben nebenher kochen – sie hoffte, dass ihre Hilfsbäckerin nicht jede Sekunde betreut werden musste.

Am Kai sah sie als Erstes die amerikanische Journalistin, die gerade beschwingt auf ein Boot sprang und Ronán, der soeben aus dem Steuerhaus kam, umarmte und auf die Wangen küsste, bevor sie nach innen verschwand. Den beiden zuzusehen, gab Molly einen Stich: Offenbar waren sie ja innig befreundet.

Aber schon hatte der Käpten sie entdeckt und winkte ihr mit beiden Armen zu. Unsicher ging sie auf dem Steg nach vorn, wo eine andere junge Frau den Passagieren an Bord half.

Ronán begrüßte sie erfreut. »Fein, dass du gekommen bist, Molly. Das ist meine Cousine Ginny. Setz dich am besten in die Mitte auf den Motorblock. Du kannst dich im Notfall draufstellen und nach beiden Seiten gleich gut sehen. Aber halt dich an der Stange hier fest; es kann wackelig werden.«

Sie folgte seinen Anweisungen. Nancy blieb im Steuerhaus und winkte ihr nur zu. Molly fand dieses Verhalten seltsam kühl; schließlich hatten sie sich schon einige Male getroffen. Na, eigentlich konnte es ihr ja egal sein. Als der Kutter lostuckerte, lauschte sie interessiert Ginnys Ausführungen.

»Und falls jemand kalte Ohren kriegt – wir haben die absolut richtigen Kopfbedeckungen für Dingle-Wetter an Bord, vom Kapitän eigenhändig gestrickt!«, beendete sie ihre Begrüßungsrede.

Ungläubig wühlte Molly in dem Korb mit lustig bunten Mützen. Die hatte Ronán gemacht?

Keine zwei waren gleich, alle in verschiedenen Farben, meist gestreift. Sämtliche Kopfbedeckungen aber liefen an der Spitze in eine Art Nippel aus und hatten eine Schlaufe zum Aufhängen am Bündchen. Weich und gewiss auch warm waren sie; Molly glaubte gern, dass die gefilzte Wolle den Wind gut abhielt.

Sollte sie? Immerhin brauchte sie für die Fahrt nichts zu zahlen. So konnte sie sich wenigstens etwas revanchieren. Und ihre alte blaue Haube war schon recht schäbig und ausgeleiert. Sie probierte ein paar Mützen an. Ja, die saßen wirklich gut, deckten die Ohren ab, was wichtig war, und die Farben leuchteten fröhlich. Zuletzt entschied sie sich für die Mütze in einer Orange-Rot-Kupfer-Kombination mit feinen graugrünen Streifen.

Ginny nahm das Geld entgegen und hielt Molly einen Spiegel vor die Nase. Sie lächelte: Die Mütze stand ihr prima.

Inzwischen war das Boot draußen auf dem offenen Meer angekommen. Während Ronán an der Steilküste entlangsteuerte, zeigte seine Cousine den Gästen die Höhle, in der Fungie gern schlief. Die Kulisse war wirklich beeindruckend. Nie hätte Molly vermutet, dass die Felsen hier derartig schroff abfielen. Von Dingle aus wirkte der Hügel so sanft. Fast senkrecht stiegen die Kalkwände hoch, und über ihnen kreisten die Möwen.

Von dem berühmten Delfin war zunächst nichts zu sehen. Es dauerte eine ganze Weile, bis

Ginny, die auf das Steuerhaus geklettert war, wo sie sich an der Antenne festhielt und eifrig in alle Richtungen spähte, mit dem Fuß aufstampfte. Sie sprang herab und deutete nach links. Ronán folgte ihrem Wink und gab Vollgas. Ein anderes Boot war ebenfalls auf der Suche nach Fungie. Von dort aus war er offenbar auch gesichtet worden, und nun rasten die zwei Kutter in hohem Tempo aufeinander zu.

Molly riss ihre ohnehin großen braunen Augen auf. Die würden doch nicht zusammenstoßen? Nein, beide Kapitäne drehten rechtzeitig bei. Und jetzt schrien die Leute durcheinander. »Da!« – »Fungie, Fungie!« – »Dort drüben!«

Molly sprang auf den Motorkasten. Sie hatte gedacht, die Angelegenheit würde sie kalt lassen, aber sie bekam tatsächlich Herzklopfen, als sie den großen grauen Delfin neben dem Boot buckeln sah. Aufgeregt starrte sie auf die Wellen. Wo würde er als Nächstes auftauchen?

Die Boote rasten nebeneinander auf die Einfahrt zum Hafensee zu. Dazwischen schwamm Fungie. Offenbar hatte er kein Problem mit der Geschwindigkeit; er konnte mühelos mithalten. Erst als sie im ruhigen Wasser angekommen waren, drosselten die Kutter die Motoren. Im Leerlauf dümpelten sie in einiger Entfernung voneinander, während alle nach Fungie Ausschau hielten. Sobald jemand ihn sah, fuhren die Boote dorthin. Das Tier schien ordentlich Spaß an der Angelegenheit zu haben. Mal tauchte es links auf, mal rechts. Immer wieder schnellte es aus dem Meer und vollführte übermütige Sprünge, sodass das Wasser aufspritzte.

Molly war gefesselt von dem Schauspiel. Einmal schwamm der Delfin ganz ruhig dicht neben der *Mermaid* her. Sie stand an der Reling und beobachtete ihn. Da hob er den Kopf sachte aus den Wellen und sah sie an. Es war ein ungeheuer persönlicher Blick, und sie spürte überrascht, wie ihr die Tränen in die Augen stiegen. Ronán hatte recht gehabt: Das war schon etwas ganz Besonderes mit diesem Fungie!

Als das Boot wieder Kurs auf die Mole nahm, tat es ihr fast leid, dass der Ausflug bereits zu Ende ging. Sie hatte kaum gemerkt, wie die Zeit verging – über eine Stunde waren sie unterwegs gewesen.

Ginny kassierte bei den anderen ab; Molly musste nicht zahlen. Sie verabschiedete sich bei Ronán. »Vielen Dank noch mal! Das war herrlich. Ich hätte nicht gedacht, dass das so spannend ist. Hat Spaß gemacht!«

Der Käpten lächelte sie an. »Gern geschehen. Du kannst jederzeit wieder mitfahren, wenn du Lust hast.«

»Oh! Das mach ich vielleicht wirklich. Danke – einen schönen Tag noch!« Sie sprang auf den Steg, wo sie ein paar Worte mit Ginny wechselte. Dann marschierte sie zum Parkplatz; jetzt ging es zum zweiten Höhepunkt des Tages: Kuchenbacken mit Erin. Sie freute sich darauf.

Plötzlich hielt jemand sie am Arm fest. Erstaunt drehte sie sich um. Nancy stand vor ihr.

»Hallo«, sagte Molly freundlich. Hatte sich die Amerikanerin doch noch auf ihre Manieren besonnen?

Mit schmalen Lippen erkundigte sich die Journalistin: »Darf ich erfahren, was du mit Ronán vorhast?« Es klang abweisend und kalt.

Molly musterte die Frau aufmerksam. In den hellblauen Augen leuchtete ein seltsames Feuer. Sie befreite ihren Arm, den die andere immer noch umklammert gehalten hatte. »Wie kommst du darauf, dass ich was mit ihm vorhabe?«, fragte sie kühl zurück.

»Du tauchst ziemlich oft auf, finde ich. Vorgestern, gestern, heute; und wer weiß, wann wieder. Der Käpten gehört zu mir, verstehst du? Und ich lasse mir nicht gern wegnehmen, was meins ist. Hab ich mich klar genug ausgedrückt?«

Im allerersten Augenblick ließen diese gehässig ausgestoßenen Worte Molly zurückzucken. Doch gleich danach ärgerte sie sich. Wie redete diese Nancy denn daher? Ronán war doch keine Schachfigur, die man beliebig herumschubsen konnte! Und überhaupt: Er war ja bloß nett zu Molly gewesen, hatte ihr keinerlei Avancen gemacht oder dergleichen. Nicht einmal, wenn er tatsächlich mit dieser Frau liiert war, konnte sie ihm etwas vorwerfen. Sie selbst hatte sich ebenfalls völlig korrekt verhalten. Was sollten also diese giftigen Vorwürfe?

Sie richtete sich kerzengerade auf und reckte trotzig das Kinn nach vorn.

»Ja, du drückst dich mit bemerkenswerter Klarheit aus. Das erwartet man schließlich von Journalisten. Ich frage mich nur, ob Ronán die Angelegenheit genauso sieht.« Sie machte eine wegwerfende Handbewegung. »Na, egal. Viel Spaß mit deinem Besitz, Nancy Miller!« Energisch machte sie kehrt und stiefelte mit Riesenschritten zu ihrem Auto.

Während der Fahrt nach Binn Ban spielte sie die Unterhaltung im Geist immer wieder ab. Doch, sie hatte richtig reagiert. Dennoch war der Tag etwas trüber geworden durch das unschöne Zwischenspiel. Und war es wirklich wahr? Hatten die beiden eine Beziehung miteinander? Eigentlich benahm sich Ronán nicht so. Er verhielt sich freundlich distanziert gegenüber der Amerikanerin, aber nicht verliebt. Andererseits war es durchaus möglich, dass er zu der Sorte Männer gehörte, die wie Schmetterlinge von Frau zu Frau flatterten …

Molly grinste. Nein, das Bild passte nicht so recht zu dem ernsten Kapitän. Sie zuckte die Schultern. Irgendwann würde sich die Wahrheit schon herausstellen. Bis dahin war es wohl am besten, gelassen zu bleiben – und die Frau aus Kalifornien zu meiden.

Erin wartete bereits auf sie. Freudig umarmte sie Molly und kletterte hastig in deren Auto. Sie war eine angenehme Beifahrerin, weil sie interessiert aus dem Fenster schaute, ohne zu reden. Es war ein entspanntes, freundschaftliches Schweigen, das sehr beruhigend wirkte, wie Molly fand. Genau das brauchte sie nach der unerquicklichen Auseinandersetzung am Kai!

»So, hier sind wir«, sagte Molly, als sie auf dem Grazeland-Parkplatz hielt. »Du kannst zuerst nach dem Eselchen schauen, wenn du magst, aber dann sollten wir uns an die Arbeit machen.«

Ronáns Schwester nickte. »Wo ist Rumpelstilzchen?«, wollte sie wissen, während sie den Blick rasch über die weidenden Tiere gleiten ließ. »Ah, da! Hab ihm was mitgebracht«, verkündete sie stolz und zog eine Gelbe Rübe aus der Jackentasche.

Molly rief den jungen Esel heran, und Erin hielt ihm die Karotte vors Maul. Sofort biss er ab und kaute zufrieden. Sobald das letzte Stückchen vertilgt war, streichelte Erin liebevoll seine weiche Nase, dann wandte sie sich entschlossen Molly zu. »Jetzt arbeiten!«

Sie hatten die Küche für sich allein, denn Maura war unterwegs – einen Neuzugang holen. Noch ein Connemara-Pony, wie Molly der hastig gekritzelten Notiz auf dem Küchentisch entnahm. Das war gut; diese Pferde sind genügsam und stark. Und sie eignen sich für unerfahrene Reiter, weil sie nicht so groß werden wie andere Rassen. Hoffentlich war das arme Tier nicht zu sehr verwahrlost!

Molly beobachtete Erin an diesem Nachmittag genau und stellte fest, dass diese vieles schon beherrschte und Neues rasch erfasste. Eier aufschlagen beispielsweise konnte die junge Frau; Eier trennen lernte sie heute. Vor allem erledigte sie bereitwillig, was auch immer von ihr verlangt wurde, und hatte große Freude, wenn es ihr gelang. Als die Schokotorte aus dem Rohr gezogen wurde, klatschte sie begeistert in die Hände. Apfelkuchen hatte sie schon manches Mal gebacken; hier brauchte Molly lediglich die Mengen der Zutaten zu nennen. Erin wog selbstständig ab und mischte den Teig allein.

»Kein Backpulver?«, fragte sie stirnrunzelnd mit der Schüssel Mehl in der Hand.

»Oh, das hätte ich glatt vergessen!« Molly musste lachen. »Da siehst du mal, was ich für eine nachlässige Köchin bin.«

Sofort schlang Erin die Arme um sie, um Molly zu trösten. »Nein, nein. Stimmt nicht. Jeder kann mal was vergessen.«

Wie lieb Erin war! Molly drückte sie herzlich.

Sie schafften es nur knapp, die drei Kuchen in der geplanten Zeit zu backen. Zwischendurch hatte Molly einen Nudelauflauf mit Schinken, Lauch und Käsesahne vorbereitet, den sie nach dem letzten Kuchen in den Ofen schob. Der konnte mit niedriger Temperatur garen, während sie Erin heimbrachte. Gerade als sie ins Auto klettern wollten, kam Maura mit dem kleinen Pferdeanhänger in den Hof gefahren.

»Oh, gut, dass ihr da seid. Hallo, Erin«, rief die Freundin erleichtert. »Dieses Pferdchen ist halb verwildert und halb verhungert – ich brauche so viele Hände wie möglich! Die Stute soll in eine Einzelbox. Vielleicht wird sie dann ruhiger. Wer weiß, was die schon alles hinter sich hat.«

Kurz entschlossen telefonierte Molly mit Camphill und fragte an, ob sie ihren Schützling erst nach dem Abendessen zurückbringen konnte. »Macht das arge Umstände? Ich hoffe, es ist nicht so schlimm … Wir haben hier einen Notfall mit einem Pferd.«

Zum Glück bekam sie die gewünschte Erlaubnis ohne Weiteres. Gemeinsam schoben sie den Anhänger bis in den weiträumigen offenen Stall, bevor sie ihn rückwärts an eine abgetrennte Box manövrierten. Maura stieg über die Abtrennung und ließ die Verladerampe herunter, während die anderen zwei neugierig zusahen. Sie kletterte vorsichtshalber in die leere Box nebenan, um der Stute keine Angst zu machen.

Erst passierte gar nichts. Nach einer Weile aber beschloss das dunkelgraue Pony, den engen Transporter doch zu verlassen. Es setzte einen Huf auf die schräge Rampe, rutschte fast aus und sprang wild heraus. Allerdings verschätzte es sich mit der Entfernung, knickte ein und fiel ins Stroh. Das arme Tier zappelte panisch, um wieder auf die Beine zu kommen. Dabei sah man genau, wie abgemagert es war: Die Rippen zeichneten sich unter der Haut ab, das Fell war stumpf, glanzlos und zottelig, Schwanz und Mähne hingen in verfilzten Strähnen. Schließlich rappelte sich die Stute auf und drängte sich angstvoll in die hinterste Ecke.

Nun zerrten die drei Frauen den Anhänger vom Eingang weg, bis Platz genug war, das Tor der Box zu schließen. Gemeinsam standen sie da und schauten mitleidig das verschreckte Pferdchen an.

»Karotten?«, schlug Erin vor.

»Ja, und Heu.« Maura holte Schubkarren und Heugabel und lud im Vorratslager eine ordentliche Ladung auf, die sie in die Futterraufe schaufelte. Ein paar Gelbe Rüben und ein geviertelter Apfel kamen noch oben drauf, dann zogen sich die drei zurück.

Inzwischen waren die anderen Bewohner von Grazeland neugierig in den Stall getrottet. Bei gutem Wetter blieben sie oft nachts draußen, aber wenn es aufregende Ereignisse gab, mussten sie natürlich wissen, was los war. Und Heu wollten sie auch; besonders ergiebig war die Weide mitten im Winter nicht gerade. So gab es noch einige Arbeit, bis alle Esel und Pferde zufrieden vor den Krippen standen und kauten.

Erin freute sich offensichtlich sehr, dass sie helfen durfte. Sie beherzigte Mauras Warnung, nicht von hinten an die Tiere heranzutreten und sich ihnen behutsam zu nähern, aber Molly sah, dass sie völlig furchtlos selbst die hohe Vicky, das ehemalige Rennpferd, und Troll, das irische Riesenross, streichelte.

Langsam beruhigte sich der Neuankömmling und wagte sich an das duftende Futter heran. Die ersten Halme zupfte die Stute nervös und hastig aus der Raufe, aber bald vergrub sie die Nase tiefer im Heu.

Endlich gab es auch für die Wohltäter das verdiente Abendessen, und danach wäre Erin am liebsten immer noch dageblieben. Es kostete einige Überredungskraft, sie zur Heimkehr nach Binn Ban zu bewegen.

»Du musst doch die drei Kuchen abliefern. Was meinst du, wie sich deine Mitbewohner darüber freuen werden!« Dieses Argument ließ ihre Augen aufleuchten. Sie trug den Marmorkuchen zum Auto und überwachte genau, wo Molly die anderen Behälter unterbrachte.

7

Ronán blies die Sägespäne weg und hob den Balken an. Es war gar nicht so einfach, die Dachsparren ganz allein an ihren Platz zu wuchten, aber inzwischen hatte er ein System mit verschiedenen Zwischenauflagen entwickelt, mit dem er es recht gut schaffte. Zum Glück war die Decke des Anbaus nicht allzu hoch, sodass er kein Gerüst brauchte. Außen waren es gerade mal zwei Meter und am Haus vielleicht vierzig Zentimeter mehr. Eine Kapp- und Gehrungskreissäge hatte er sich von einem befreundeten Schreiner für ein paar Wochen ausleihen können. Das war sehr hilfreich, denn jeder Balken musste an beiden Seiten gleichmäßig abgeschrägt werden.

So, das war der letzte. Alle Sparren lagen auf der Außenmauer und dem Stützbalken an der Hauswand auf. Damit sie nicht durchhingen, gab es auf halber Höhe noch einen zusätzlichen Querbalken, der in den Endwänden und der Zwischenwand verankert war. Nun ging Ronán daran, sie an die richtige Stelle zu rücken und dann mit langen Schrauben zu befestigen. Das war Präzisionsarbeit und erforderte eine Menge Auf- und Abklettern, sodass er keine Zeit zum Grübeln hatte. Erst als er hinterher im Garten stand und den fertigen Dachstuhl bewunderte, kehrten seine Gedanken zu Molly zurück.

Es war inzwischen Mitte Februar, und er hatte sie seit dem zweiten Januar nicht mehr gesehen. Bei der Wrens-Abschlussfeier war sie nicht erschienen, dabei hatte er fest mit ihr gerechnet. Er hatte den lustigen Ball gar nicht recht genießen können und viel zu viel getrunken. Warum meldete sie sich nicht? Er erfuhr von Erin, wie wunderbar die Back-Donnerstage, die neue Wohnung und vor allem die neue Küche waren, wie lieb und nett und geduldig Molly war – aber von ihr selber hörte er gar nichts. Wieder und wieder ließ er jede Begegnung mit ihr vor seinem inneren Auge vorüberziehen. Er hatte sie doch nicht beleidigt oder verletzt? Sie waren prima miteinander ausgekommen; er hatte sogar den Eindruck gewonnen, dass sie ihn mochte. Und dann war sie nach dem Delfin-Trip von Bord gegangen und ward fortan nicht mehr gesehen. Merkwürdig!

Moment mal. Von Bord gegangen … und Nancy hinterher. Während er die nächste Truppe Touristen begrüßte, hatte er aus dem Augenwinkel beobachtet, wie die beiden Frauen miteinander redeten. Danach war die Journalistin aufs Boot zurückgekehrt und benahm sich ein bisschen wie eine Katze, die den Rahmtopf erwischt hat. Was sie wohl zu Molly gesagt hatte?

Während er sich daran machte, in der Dämmerung sein Werkzeug wegzuräumen und den

Sägestaub aufzukehren, ging ihm das Bild nicht mehr aus dem Sinn. Es wurde sogar schärfer: Hatte Nancy nicht Molly am Arm festgehalten? Wie eine freundliche Unterhaltung hatte es eigentlich nicht gewirkt. Und war nicht Molly am Ende einen sehr energischen Schritt zurückgetreten, als wollte sie sich von der Amerikanerin befreien? Er hatte damals gar nicht so darauf geachtet; Nancy war schließlich immer ziemlich direkt und ... ja, und aufdringlich. Aber jetzt, im Nachhinein, schien es ihm doch, als wäre da etwas vorgefallen. Vielleicht lag hier eine Erklärung für Mollys Distanziertheit.

Er runzelte die Stirn, verstaute alle Holzreste in einer großen, stabilen Pappschachtel und zerrte diese ins Wohnzimmer zum Kamin. Heute hatte er den ganzen Tag lang am Dachstuhl gearbeitet; im Februar besuchten wenig Fremde die Stadt, und es kam oft nur eine einzige Fungie-Tour zustande. Da sich vier Boote an diesen Fahrten beteiligten, lösten sich die Kapitäne dabei ab, sodass Ronán häufig frei hatte. Er nutzte die Zeit für seinen Bau. Trotz Kälte und Nässe hatte er stetig weitergemauert. Nach der Außenmauer kamen die Innenwände zwischen dem großen neuen Wohnzimmer und dem geräumigen Bad dran. Und ab morgen konnte er die Dachlatten aufnageln. Dumm war nur, dass sein Geld knapp wurde. Die Schieferplatten, mit denen er das Dach decken wollte, waren teuer. Wenn nur endlich das Elternhaus verkauft würde!

Der Gedanke erinnerte ihn an etwas. Er war sehr überrascht gewesen, als er von dem Testament erfahren hatte. Unter der Bedingung, dass er die Sorge für Erin übernehme, hatte ihm seine Mutter drei Viertel des vorhandenen Besitzes vermacht. Lorna und Peadar mussten sich das letzte Viertel teilen. Ihr war wohl klar gewesen, dass beide keine Möglichkeit hatten, Erin zu sich zu nehmen.

Peadar fuhr zur See, seit er sechzehn war, also seit zwanzig Jahren. Er hatte Zusatzausbildungen gemacht und sich hochgedient, bis er nun endlich seinen Traumjob ausüben durfte: Er arbeitete als technischer Offizier auf einem Kreuzfahrtschiff, das Studienreisen rund um Südamerika anbot. Das Unternehmen reiste nicht – wie so viele andere in dieser Sparte – unter der Flagge von Panama oder Zypern, sondern es war britisch. Daher gab es wirksame Arbeitsschutzgesetze, die erträgliche Schichten und langfristige Verträge ermöglichten. Peadar hatte manchmal die Möglichkeit, an Landausflügen und an den Vorträgen zum Thema an Bord teilzunehmen. Von den Galapagos durch den Panamakanal in die Amazonasmündung, an der wunderschönen brasilianischen Küste entlang nach Argentinien und Feuerland, rund ums Kap Hoorn nach Chile und Peru – er liebte seine Arbeit. Aber für eine Schwester mit Behinderung war kein Platz in seinem Leben.

Auch Lorna kam nicht wirklich in Frage; sie hatte sich der Karriere verschrieben und arbeitete wie besessen in einer renommierten Rechtsanwaltskanzlei in Baltimore, Amerika. Gerade im vergangenen Jahr war ihr eine Teilhaberschaft in Aussicht gestellt worden, die sie nun eifrig anstrebte. Sie wohnte in einem schicken modernen Appartement im zwanzigsten Stockwerk und verbrachte ihre knappe Freizeit in Fitnessstudios, beim Segeln in der Chesapeake Bay und in Museen und Kunstausstellungen – ebenfalls keine passende Möglichkeit, angemessen für Erin zu sorgen. Abgesehen davon hatte Lorna nie eine innige Beziehung zu ihrer kleinen Schwester aufgebaut, kein Wunder bei zwanzig Jahren Altersunterschied.

Ronáns Geschwister hatten sich von ihrer Mutter verabschiedet – sofern man das so nennen konnte. Jedenfalls waren sie zu Besuch gekommen und hatten Stunden am Krankenbett verbracht. Auch zur Beerdigung waren sie angereist. Erleichtert und dankbar hatten sie Ronáns Bereitschaft akzeptiert, sich um Erin zu kümmern, und die Verteilung der Erbschaft fanden sie nur gerecht. Aber danach mussten sie eiligst wieder zurück zu ihren Arbeitsplätzen, während es an ihm hängen blieb, das Haus leer zu räumen, zum Verkauf zu stellen und die entsprechenden Verhandlungen zu führen.

Ronán schüttelte die trüben Gedanken ab. Was machte sich bloß heute für eine miese Stimmung in ihm breit! Erst die komische Angelegenheit mit Molly und jetzt noch seine anderen Sorgen … Vielleicht sollte er auf ein, zwei Bier gehen, anstatt daheim zu versauern. Die Idee gab ihm neuen Auftrieb. Er duschte rasch Schweiß und Staub ab, schlüpfte in frische Kleidung und radelte ins Städtchen.

So kam es, dass er Molly versäumte.

Es war Backtag, und Erin hatte heute speziell etwas für ihren Bruder backen wollen. »Er mag Nusskuchen besonders gern«, hatte sie erklärt. »Mit Schokoglasur.«

Molly war einverstanden. Die liebevolle Natur der jungen Frau hatte sie ja inzwischen schätzen gelernt. Es gefiel ihr immer wieder, wie achtsam Erin mit den Gefühlen und Vorlieben von Mensch und Tier umging. Wenn Rumpelstilzchen eine Karotte bekam, mussten alle anderen Esel und Pferde ebenfalls Leckerlis kriegen.

Bei den Kuchen für die Camphill-Gemeinschaft achtete Erin darauf, dass jeder einmal seinen Lieblingskuchen erhielt. Und sie wusste genau, was ihre Mitbewohner und die Betreuer mochten! Bei den Keksen und Lebkuchen für den Freitagsmarkt erinnerte sie sich exakt daran, welche Sorten am schnellsten verkauft waren, und schlug selbst vor, mehr davon herzustellen.

Molly war überhaupt fasziniert von Erins »Küchenverstand«, wie sie es nannte. Die junge Frau merkte sich Rezepte und Arbeitsschritte, war geschickt mit den Händen, achtete auf Sauberkeit und hatte darüber hinaus einen Sinn für appetitliches Anrichten. Manchmal schlug sie eine Geschmackszutat vor, die in der Backanleitung gar nicht vorkam, wie Muskat für Schokoladenteig oder eine Prise gemahlenen Kümmels für Rosinenkuchen. Molly war durchaus experimentierwillig; so hatten sie gemeinsam manche Rezeptur verändert und verbessert.

An den Backnachmittagen ging es längst nicht mehr darum, einer jungen Erwachsenen mit Down-Syndrom eine Freude zu bereiten. Es hatte sich eine fast partnerschaftliche Zusammenarbeit daraus entwickelt, die beiden Spaß machte. Deshalb dachte Molly schon eine ganze Weile über eine neue Idee nach, behielt sie aber vorläufig noch für sich.

»Also gut«, willigte sie jetzt ein. »Nusskuchen für Ronán.« Insgeheim genoss sie es, seinen Namen auszusprechen; der ruhige Käpten hatte es ihr angetan, und sie hatte ihn seit Anfang Januar nicht mehr gesehen. Sie freute sich immer, wenn Erin etwas über den Bruder berichtete: vom Hausbau, von Ausflügen auf dem Delfinboot, Stunden vor dem Feuer bei ihm mit einer Kanne Tee, während ein Hörbuch lief. Es klang sehr gemütlich. Und irgendwie passte es gar nicht zu der quirligen Amerikanerin. Buch oder Hörbuch war der bestimmt zu langweilig. Komisch, dass zwei so unterschiedliche Leute ineinander verliebt waren!

Zum Teufel, was ging sie das an? Energisch verdrängte Molly die Journalistin aus ihren Gedanken. »Er kann aber doch kaum einen ganzen Kuchen essen. Meinst du nicht, dass ihm das zu viel ist?«

Erin überlegte. »Hast du eine kleinere Form? Auseinandergeschnittener Kuchen ist nicht schön.«

Also wurde eine kleine Kastenform für Ronán herausgekramt, und bald darauf waren die dafür nötigen Mengen ausgerechnet. Mit Waage und Küchenmaschine kannte sich Erin inzwischen gut aus; auch die anderen Arbeitsschritte führte sie selbstständig aus, sodass Molly sich um das Abendessen kümmern konnte. Am Donnerstag machte sie meist einen Auflauf, der in den Ofen kam, sobald der letzte Kuchen fertig war. So garte das Essen, während sie Erin heimbrachte, und die bereits vorhandene Hitze im Backofen konnte genutzt werden. Eigentlich verschwendete Zeit, die ganze Hin- und Herfahrerei! Sie musste ihre Idee bald mal reifen lassen, nahm sie sich vor. Vielleicht sollte sie mit Maura drüber sprechen, die war immerhin auch betroffen und hatte möglicherweise Vorschläge und Argumente …

Die Produktion des heutigen Tages stand fertig auf dem Tisch. Ronáns Kuchen war wunderbar verziert: Erin hatte mit Zuckerfarben rosa Blümchen und grüne Blätter auf die Glasur gemalt. Molly packte alles in die Plastikkiste, die sie zum Transport verwendeten. Kurz darauf war alles im Auto verstaut und es konnte losgehen.

Vor dem nächsten Schritt graute es Molly etwas. Als sie sich vorhin mit dem Privatkuchen einverstanden erklärt hatte, war ihr nicht gleich klar gewesen, dass sie ihn ja auch liefern musste. Wie sah das denn aus, wenn sie mitten am Abend plötzlich so hereinschneite? Aufdringlich wollte sie unter keinen Umständen wirken. Andererseits gab es jetzt kein Zurück mehr.

»Kannst du mir überhaupt erklären, wie ich zu Ronán komme? Ich war ja noch nie dort.«

»Einfach. Du musst gleich nach der Brücke rechts in den Weg abbiegen, und es ist das letzte Haus auf der rechten Seite am Fluss.« Erin kletterte stolz in den Wagen.

Molly fuhr los. »Du meinst in Dingle, ja?« Als das Mädchen dies bestätigte, dachte sie über die Wegbeschreibung nach. Irgendwas stimmte da nicht. Die erste Brücke kam nicht wirklich in Frage, denn da musste sie ohnehin rechts abbiegen. Nur kam man da eben in das Städtchen, und es handelte sich um eine Straße, nicht um einen Weg. Nach der zweiten Brücke also. Bloß standen die Häuser dort bereits am Hafenbecken und nicht am Fluss. Ob Erin rechts und links verwechselte? Bisher war ihr das nicht aufgefallen, aber es war leicht möglich. Oder … Plötzlich wurde es ihr klar. Sie lachte.

»So fährst du zu deinem Bruder, wenn du ihn besuchst, stimmt's?«, erkundigte sie sich.

Erin lachte bereitwillig mit, ohne zu wissen, warum, und nickte.

Aha. Sie kam ja von der anderen Seite. Von hier aus mussten sie also vor der ersten Brücke nach links. Molly erinnerte sich dunkel an ein schmales Sträßchen, das dort abzweigte.

Als sie die Lichter von Dingle sah, fuhr sie langsamer. »Da rein?«, fragte sie.

Erin schaute sich zunächst verwirrt um, erkannte jedoch schließlich den Weg. »Ja, und dann bis zum letzten Haus«, erklärte sie.

Vorsichtig manövrierte Molly den Wagen durch die Schlaglöcher. Nach etwa hundert Metern endete der Feldweg. Das Cottage war da, der Besitzer nicht. Es tat ihr leid, Erin so arg enttäuscht zu sehen, wenngleich sie selbst eher erleichtert war.

Erst als sie eine leere Karteikarte und einen Stift aus dem Handschuhfach kramte und vorschlug, Ronán ein Briefchen zu schreiben, beruhigte sich das Mädchen. Mit sauberen runden Buchstaben malte sie *liebe Grüße von Erin* auf das Papier und bestand darauf, das Geschenk in die Küche zu bringen; Molly musste mit.

Glücklicherweise fand sich eine Taschenlampe im Auto, denn es war stockfinster. So tappten die beiden Frauen wie Diebe ums Haus und drangen durch die unversperrte Hintertür ein. Stolz wollte Erin ihr alles zeigen, doch Molly wehrte sich energisch: »Nein, das kommt gar nicht in Frage. Ronán ist der Ritter dieser Burg, und wenn er nicht da ist, haben wir hier nichts zu suchen.«

Erin lachte immer noch über ihren Bruder, den Ritter, als Molly sie eine Viertelstunde später in Binn Ban ablieferte.

Ronán kam kurz danach heim, beladen mit einer Einkaufstüte. Er staunte nicht schlecht über das duftende Päckchen und das Brieflein auf seinem Küchentisch. Erfreut schnitt er sich gleich eine Scheibe Kuchen ab und genoss sie als Vorspeise.

Während er sich überbackenen Käsetoast und eine Kanne Tee machte, schüttelte er den Kopf. Seine Essgewohnheiten waren wirklich schaurig. Manchmal kochte er Eintöpfe, die für drei Tage reichten. An anderen Tagen gab es Spiegeleier mit Speck, Toast mit Bohnen, eine Fertigpizza oder selten mal ein Steak. Sobald Erin bei ihm wohnte, musste er das ändern. Sie sollte schon eine etwas ausgewogenere Verpflegung kriegen. Wenn er nur mehr vom Kochen verstünde!

Er grinste schief: Das Problem lag gar nicht am Können, es lag am Wollen. Kochen interessierte ihn einfach nicht besonders. Die Zukunft mit seiner Schwester machte ihm immer noch Sorgen, weil er sich nicht klar vorstellen konnte, wie alles vonstatten gehen würde. Was sollte Erin denn hier den ganzen Tag lang tun? Wahrscheinlich war sie in der Camphill-Gemeinschaft tatsächlich besser untergebracht. Da gab es wenigstens Arbeit, die gemeinsam erledigt wurde, und es war dauernd irgendetwas los. Andererseits freute sie sich schon so darauf, zu ihm zu ziehen. Bei jedem Besuch musste er ihr genau erklären, wie die Zimmer nach der Fertigstellung des Anbaus aussehen sollten. Ronán seufzte.

Auch Molly beschäftigte sich in Gedanken mit Erin. Sie hatte ihre Idee Maura vorgestellt, die zu ihrer Erleichterung nicht in spitze Entsetzensschreie ausgebrochen war, sondern den Vorschlag vollkommen sachlich mit ihr diskutiert hatte. Dagegen hatte sie jedenfalls nichts; im Gegenteil: Die Freundin sah sogar viele Vorteile für alle Beteiligten.

»Am besten stellst du dir jede Einzelheit ganz praktisch vor Augen, den Tagesablauf, die Arbeitszeiten, die Freizeit. Und dann musst du natürlich mit ihm reden, bevor du mehr unternimmst.«

Jaja, das war Molly schon klar. Das schien ihr am schwierigsten an der Angelegenheit. Er würde sicher enttäuscht sein …

Sie verschob die Entscheidung. Zunächst hatte sie ohnehin alle Hände voll zu tun. Grazeland sollte am Ostersamstag, also Anfang April, offiziell seine Tore für Besucher öffnen, und bis dahin musste auch das Café fertig sein. Der Umbau der beiden kleinen Steingebäude, die dafür vorgesehen waren, schritt planmäßig voran. Brendan meinte, in zwei Wochen dürfte er abgeschlossen sein.

Es war Mollys Aufgabe, für die Einrichtung der Küche und der Gasträume zu sorgen, Personal einzustellen und einen reibungslosen Ablauf zu organisieren. Damit war sie genau in ihrem Element; dank ihrem logisch-methodischen Hirn fiel es ihr leicht, Struktur und Ordnung in Dinge zu bringen. Am besten gefiel es ihr, die

Ausstattung zu bestellen. Wann durfte man schon ein vollständiges Café einrichten, mit Möbeln, Geschirr, Registrierkasse und Wandfarbe? Entscheiden, welche die Spüle, welcher Herd, was für ein Kühlschrank es sein sollte? Es war wunderbar.

Gleichzeitig suchte sie auch das Zubehör für ihren Heimservice aus. Einen immensen Gefrierschrank, einen leistungsfähigen Herd, eine Profi-Küchenmaschine und eine Fritteuse hatte sie bereits in ihrer Küche stehen. Dazu kamen große Edelstahltöpfe, Pfannen und Schüsseln, und natürlich die hitze- und kältebeständigen Teller. Sie hatte sich für ein ovales Modell aus weißem hartem Kunststoff entschieden, das man mit einem hohen Deckel fest verschließen konnte und das in jede Mikrowelle passte. Darin würde sie die Gerichte portionsweise anrichten, einfrieren und liefern. Sie fand Isolierbehälter, die Platz genug für sechs abgepackte Mahlzeiten und sechs Dessertschüsselchen boten.

Jetzt brauchte sie bloß noch einen Kundenkreis … Sie ließ sich Handzettel mit ihrem Angebot und den Preisen drucken und legte sie in dem kleinen Postamt aus. Sie bat Tom Murphy, die Flyer in seinem Pub an allein lebende Männer oder berufstätige einzelne Frauen weiterzugeben. Ebenso verfuhr sie mit der anderen Bar in Ballyferriter und mit dem kleinen Hotel. Binnen einer Woche hatte sie zehn Bestellungen für die erste Märzwoche, in der sie ihren Lieferdienst beginnen wollte.

Es war nun an der Zeit, Nägel mit Köpfen zu machen.

Molly fuhr nach Dingle, wo sie ohnehin einkaufen musste. Im Büro am Kai erfuhr sie, dass für Ronán um eins eine Tour geplant war. Also wartete sie gleich an Ort und Stelle auf ihn. Vergeblich redete sie sich ein, es sei schließlich nur eine rein geschäftliche Verhandlung, und es gäbe keinen Grund zur Aufregung. Ihr Herz klopfte schneller als normal, und der Mund kam ihr ganz ausgetrocknet vor. Immerhin war Nancy, die Journalistin, nirgends zu sehen.

Der Käpten erblickte sie sofort, als er die *Mermaid* vom Liegeplatz zum Anlegesteg steuerte. Ihr glänzend brauner Haarschopf wirkte auf ihn wie ein Leuchtturm, obwohl Molly sonst nicht auffällig war. Die Hände in den Jackentaschen vergraben, stand sie kerzengerade auf dem Beton. Aufrecht wie eine Eiche, dachte er, so verlässlich und unverwüstlich. Er schüttelte den Kopf über diesen komischen Gedanken. Von ihrem Charakter wusste er schließlich wenig. Dass er sich persönlich eine bodenständige Frau mit Ausdauer und Widerstandsfähigkeit wünschte, war eine andere Sache – mit Molly hatte es nichts zu tun. Oder vielleicht doch? Wenn er ganz ehrlich zu sich selbst war, dann wünschte er sich nicht irgendeine Frau, sondern Molly. Er war eben ein Fantast.

Auf Molly wirkte er allerdings realistisch genug. Sein geschickter Sprung an Land, während der Motor im Leerlauf tuckerte, der rasch geschlungene Knoten, mit dem er das Boot festmachte, wie er danach wieder in der Kabine verschwand, um die Maschine abzustellen, das alles zeigte Kompetenz und Erfahrung. Außerdem sah Ronán aus wie ein Wikinger, mit seinem Bart und den blonden Locken, die sich ihm heute lose um die Schultern ringelten. Das allerdings änderte er, sobald er aus dem Steuerhaus wieder auftauchte. Während er auf sie zuging, band er sich die Locken mit einem Haarband zu einem Pferdeschwanz zusammen und stülpte sich die übliche graublaue Mütze auf den Kopf.

»Hallo Molly! Hast du Zeit? Komm doch mit raus! Ich hab dich ja seit Ewigkeiten nicht mehr gesehen.«

Sie fühlte sich ein wenig überrollt. Aber natürlich konnte sie ihr Anliegen nicht hier am Kai in fünf Minuten vorbringen. Wahrscheinlich war es am besten, sie begleitete ihn wirklich – ganz davon abgesehen, dass es ein idealer Tag für eine Seefahrt war: sonnig und mild mit einer leichten Brise und dicken weißen Wolken, die über den knallblauen Himmel zogen.

Etwas atemlos stimmte sie zu: »Ja, ich komme gern mit, wenn ich darf. Aber ich muss danach mit dir reden. Vielleicht können wir irgendwo einen Kaffee trinken gehen?«

Ronán schaute sie fragend an. Das klang so ernst … Was gab es denn zu besprechen? Hoffentlich hatte sie nicht vor, die Backnachmittage abzusetzen; seine Schwester schwärmte jedes

Mal von Molly, von der Küche und von Grazeland generell.

Was sie allerdings hinterher etwas zögerlich in dem kleinen Café vorbrachte, verschlug ihm die Sprache. Stumm lehnte er sich zurück.

Sie hatte es geahnt: Er war dagegen. Eilig redete Molly weiter. »Ich weiß ja, dass du extra für sie gerade dein Haus erweiterst, und wahrscheinlich willst du sie nicht so weit weggeben. Aber schau: Ich baue momentan einen Lieferdienst für Fertigmahlzeiten auf. Dafür brauche ich dringend Hilfe. Mit Erin arbeite ich prima zusammen; sie ist genau richtig für den Job. Natürlich bin ich selbst keine ausgebildete Köchin, ich kann ihr also keine Lehrstelle in dem Sinn anbieten. Immerhin wäre es eine Anstellung mit einem festen Gehalt. Falls du lieber willst, dass sie bei den Camphill-Leuten wohnt, dann müsste ich sie halt immer hin- und herfahren; das ginge notfalls schon auch. Bloß wär's viel praktischer anders, und ich hab eh viel zu viel Platz in der neuen Wohnung, und außerdem …«

Ronán hob die Hände. »Moment, Moment. Nun mal langsam. Natürlich habe ich nichts dagegen, das wäre ja absurd. Aber ich glaube kaum, dass du das bis in alle Konsequenzen durchdacht hast. Erin hat das Down-Syndrom; weißt du, was das heißt? Sie braucht eine Dauerbetreuung. Mit den vier, fünf Stunden Arbeit, die du vorschlägst, ist es ja nicht getan. Du hättest sie immerzu im Nacken. Verstehst du?«

Ungeduldig winkte Molly ab. Sie holte tief Luft und fuhr langsamer fort: »Ich hab mir das gut und lang überlegt. Ich mag Erin und bin gern mit ihr zusammen. Auf Grazeland kann sie ein erfülltes Leben führen. Die Arbeit in der Küche liegt ihr und macht ihr Spaß. Sie ist da durchaus in der Lage, vieles ganz selbstständig zu erledigen. Und in der Freizeit? Meine Güte, Gefahren gibt es dort draußen nicht mehr als anderswo. Sie liebt die Tiere, und davon hat sie bei uns wirklich genug: Hunde, Katzen und die Pferde und Esel. Mit denen kommt sie bestens klar; das beweist sie jede Woche beim Reiten. Das Gelände ist weitläufig, aber nicht unübersichtlich. Alles ist eingezäunt, sodass sie sich nicht versehentlich verirren kann. Sie darf bei der Versorgung der Tiere helfen oder mit ausreiten, wenn wir im Sommer Kindergruppen betreuen. Allein wäre sie nie – selbst falls ich mal weg bin, sind ja Maura und bald auch Brendan da. Ich fände es ideal.«

Ronán nickte. »Ja, für Erin wäre es das Paradies. Aber was ist mit dir? Was ist am Abend? Was ist, wenn dein Freund zu Besuch kommt? Oder wenn du heiratest?«

Molly schnaufte indigniert. »Ich denk nicht, dass das zum Problem wird.« Ihre Mundwinkel hoben sich. »Vor allem, weil da keiner ist, den ich heiraten will«, fügte sie hinzu. Außer höchstens dich, dachte sie.

»Du musst doch auch mal deine Ruhe haben, abends zum Beispiel.« Ronán beharrte auf seinem Argument. »Sie wird dir schrecklich auf die Nerven gehen.«

»Meine Nerven sind recht gut. Und ich hab Erin gern, warum glaubst du mir das nicht? Sollte ich mal allein sein wollen, kann sie in ihrem Zimmer einen Film anschauen oder Hörbuch hören, wie bei dir. Und zweimal die Woche bring ich sie ja ohnehin zu dir, denke ich. – Überleg es dir in aller Ruhe. Dann müssen wir sie natürlich auch noch fragen. Vielleicht will sie ja gar nicht.«

Ronán lachte. Das hielt er für unwahrscheinlich. Wer würde nicht gern zu Molly ziehen? »Wie steht es mit der Verpflegung?«

»Schau, ich koche ja sowieso für mich, Maura und Brendan, sooft er da ist, manchmal auch für Paudie. Meinst du, da macht es was aus, wenn noch wer mitisst?«

Sie hatte wirklich alles bedacht. Ronán war beeindruckt. Er versprach ihr seine Entscheidung für übermorgen. Aber insgeheim hatte er keine Zweifel, dass er zusagen musste.

Was für ein unglaublicher Glücksfall für Erin! Im Familienverband zu leben und zu arbeiten, auch wenn die Familie etwas ungewöhnlich zusammengesetzt war und hauptsächlich aus Vierbeinern bestand. Einen festen Job zu haben in einem Bereich, den sie liebte. Sie würde so stolz sein auf ihr Gehalt, obwohl natürlich ein großer Teil davon für Miete und Unterhalt draufging. Denn darauf würde er bestehen müssen.

Erst als er zu Hause seinen Anbau betrachtete, wurde ihm klar, dass er in diesem Fall viel

Zeit, Geld und Mühe in ein wohl überflüssiges Projekt gesteckt hatte. Für ihn allein war das ursprüngliche Cottage völlig ausreichend gewesen. Er runzelte kurz die Stirn. Ob er einfach aufhören sollte mit dem Umbau? Aber dann fiel ihm ein, was Molly gesagt hatte: dass Erin ab und zu den Abend bei ihm verbringen sollte. Warum nicht auch mal die Nacht? Er war es Molly bestimmt schuldig, ihr so oft wie möglich etwas Freiheit zu ermöglichen.

Also brauchte er immer noch ein Zimmer für seine Schwester. Er suchte die restlichen Dachlatten zusammen und kletterte auf die Leiter.

8

An diesem Samstag Anfang März schüttete es schon seit dem frühen Morgen in Strömen. Das unfreundliche Wetter konnte jedoch weder Mollys hoffnungsvolle Stimmung trüben noch Erins Aufregung dämpfen. Heute wurden zum ersten Mal die Fertiggerichte ausgefahren. *Mollys Sechstagedinner* stand auf jeder der fest verschlossenen Kühlboxen, die die zwei Frauen in den Geländewagen hoben – Maura hatte den Range Rover für die Aktion zur Verfügung gestellt; Mollys Kleinwagen bot nicht genug Stauraum.

Erin hatte die Lieferliste auf dem Schoß, auf der sie Namen, Adressen und Wegbeschreibungen vermerkt hatte. Das war durchaus notwendig, da es in Irland kaum Straßennamen, geschweige denn Hausnummern gab. Man musste schon sehr genau wissen, wo die Leute wohnten, zu denen man wollte. Postbote galt hier deshalb als hoch anspruchsvoller Beruf, nicht als Job, den jeder ausführen konnte. Molly hatte eine Wanderkarte gekauft, auf der selbst kleinste Sträßchen und Wege eingezeichnet waren, und darauf die Wohnorte ihrer Kunden markiert. Diese Karte hielt Erin ebenfalls bereit.

Die erste Station war erreicht. Sie parkten vor einem nett hergerichteten alten Cottage. Hier wohnte ein Pfleger, der in Tralee im Krankenhaus arbeitete. Gemeinsam trugen sie den Container zur Haustür und klopften. Molly sah an den weit aufgerissenen Augen ihrer Mitarbeiterin, wie nervös sie war. Ein Mann im Jogginganzug öffnete.

»Ah, das Essen!«, stellte er erfreut fest. »Ihr seid ja pünktlich wie die Sonne. Guten Tag auch.«

»Guten Morgen, Mike.« Sie händigte ihm die Kiste aus. »Ich bin Molly, und das ist Erin. Die einzelnen Gerichte sollten gleich in die Kühltruhe. Die gespülten Teller mit den Deckeln stapelst du wieder in den Container. Hier ist die Liste, damit du weißt, was du isst. Ich hoffe, es schmeckt dir!«

»Ich freu mich schon darauf; besser als alles, was ich koche, ist es bestimmt«, Mike lachte. »Eine Frage: Warum gibt es nur sechs Mahlzeiten pro Woche?«

»Na, vielleicht möchtest du einmal zum Essen gehen oder Fertigpizza holen, oder deine Mutter lädt dich ein … Ein bisschen Freiheit, verstehst du?« Sie nahm den Fünfziger in Empfang und verabschiedete sich.

Die nächste Kundin war eine geschiedene Bankangestellte, die zusätzlich die Abendschule in Tralee besuchte und keine Zeit zum Kochen hatte.

»Du schreibst in deinem Handzettel, dass die Zutaten weitgehend aus Bio-Anbau stammen; ist das wahr, Molly?

»Freilich. Gemüse und Obst beziehe ich von Colleen Mc Donnell aus Ballyferriter, das Fleisch von verschiedenen Bio-Bauern aus der Gegend. Steht alles genau auf dem Beipackzettel, und was nicht aus ökologischen Quellen kommt, ist mit einem Sternchen gekennzeichnet. Guten Appetit, Mary!«

John Dineen war schwer zu finden und musste erst angerufen werden, Rob Morris fragte, warum zwei Gerichte vegetarisch waren.

»Es ist einfach gesünder, nicht jeden Tag Fleisch zu essen. Und du wirst sehen, wie lecker der Blumenkohlauflauf mit Gruyère und Pecannüssen schmeckt.«

»Das klingt schon gut, ja. Aber ob ich auch satt werde? Ich arbeite bei verschiedenen Leuten im Garten und als Hausmeister; das macht ganz schön Hunger …«

Molly lachte. »Die Portion ist so groß, dass du wahrscheinlich die Reste am nächsten Tag als Lunch mitnimmst.«

Langsam arbeiteten sie die Lieferliste ab. Noch eine Adresse in Ventry und zwei Kunden in Dingle, dann hatten sie es endlich.

Die streng aussehende ältere Frau in dem hübschen Bungalow war zuerst unwirsch.

»Was? Sechstagedinner? Was soll ich denn damit?«

»Äh … wohnt hier nicht Russell Foley?«, fragte Molly verunsichert. »Er hat diese Adresse angegeben.«

»Ach so, ja, das ist für meinen Mieter; stimmt, er hat's mir gesagt. Russell wohnt hinten in dem Mobile Home. Da hat der ursprüngliche Besitzer des Grundstücks gelebt, während er das Haus gebaut hat, und jetzt steht es immer noch da.« Die Dame verschwand um die Ecke und schrie: »Russell!« Aber sie kam gleich wieder zurück. »Vielleicht ist er weg. Das Zeug soll sowieso in die Kühltruhe hier im vorderen Porch.«

Der Porch war eine Art Windfang vor dem wirklichen Eingang, möbliert mit ein paar Korbsesseln, einigen Topfpflanzen, einem Schirmständer und eben der Kühltruhe. Als Molly und Erin die Gerichte in die bezeichnete Schublade packten, hörten sie eine nervöse Stimme.

»Was ist denn? Ich will gerade los.«

Molly drehte sich um und erklärte dem Mann die Angelegenheit mit den Tellern und der Kühlbox, während sie ihn musterte. Er war um die vierzig, hatte wirres schwarzes Haar und war mager, fast dürr. Seine dunklen Augen hatten einen merkwürdig gequälten Ausdruck.

»... Und ich hoffe, dass dir alles gut schmeckt, Russell!«, beendete sie ihr Sprüchlein.

Er wandte sich nach einem knappen Dank ab, um zu gehen.

»Moment noch«, sagte Molly. »Das Essen kostet fünfzig Euro, bitte.«

Der Mann suchte mit fahrigen Bewegungen seinen Geldbeutel heraus und gab ihr den Betrag, bevor er endgültig abmarschierte. Sie schaute ihm nach. Ein seltsamer Typ!

»Er lebt ziemlich zurückgezogen«, erläuterte die Wirtin. »Ein angenehmer Mieter, sauber und alles. Jeden Tag ein langer Spaziergang, keine laute Musik, keine Besucher. Sehr angenehm.« Sie nickte bekräftigend.

Sobald sie wieder im Auto saßen, sagte Erin: »Rucksackmann!«

Molly warf ihr einen Blick zu. Ein einziges Wort? Das bedeutete, dass das Mädchen aufgeregt war. »Meinst du den Russell? Er hatte einen Rucksack, das stimmt.«

»Kenn ihn. Ist oft in Binn Ban.«

»Ach. Besucht er da jemanden?«

»Nicht in Camphill. Leuchtturm.«

Es dauerte eine Weile, bis Molly kapierte. Offenbar hatte Erin den Mann schon oft gesehen, wenn er an der Küste entlang zu dem kleinen Lighthouse an der Einfahrt in den Hafensee wanderte. Von den Gemüsegärten aus, die der Camphill-Gemeinschaft gehörten, konnte man zwischen den Büschen hindurch zum Meer und eben auch zum Leuchtturm schauen. Russell mit seiner gebeugten Haltung, dem vorgereckten Kopf und dem Rucksack auf dem Buckel war gewiss auffallend genug. Er hieß bei allen, die die Beete bestellten, nur *Rucksackmann.* Das verstand Molly. Warum sich Erin und ihre Mitbewohner offenbar vor ihm gruselten, verstand sie nicht ganz.

Endlich kamen sie zu ihrer letzten Adresse. Lächelnd erinnerte sich Molly an eine Unterhaltung mit Erin.

Es ist der erste Arbeitstag der frisch gebackenen Küchenhilfe. Sie ist damit beschäftigt, Kartoffelbrei auf die Portionsteller zu löffeln und

mit frischem Schnittlauch zu bestreuen. Die leicht gerunzelte Stirn lässt auf tiefe Konzentration schließen.
Alle Teller sind gefüllt, aber in der Schüssel ist noch ein Rest. Erin betrachtet ihn nachdenklich. Plötzlich fragt sie: »Du hast gesagt, ich verdiene Gehalt. Wann krieg ich das?«
»Ich gebe es dir am Ende jeder Woche am Samstag. Ist das recht?«
»Hm. Ja.«
Aber ganz zufrieden scheint sie nicht zu sein. Molly hakt also nach: »Hättest du gern jetzt schon Geld? Das nennt man dann Vorschuss, und ich ziehe es am Samstag wieder ab.«
Erins Augen leuchten auf. »Wirklich? Würdest du mir gleich heut was geben?«
Vorsichtig antwortet Molly: »Wie viel willst du denn?«
»Weiß nicht genau … was kostet so ein Sechstagedinner?«
Was hat sie bloß vor? Meint sie, sie muss ihre Verpflegung selbst finanzieren? Aber das haben sie doch schon mehrmals durchgesprochen.
»Schau, hier hängt mein Werbezettel an der Korkwand. Da findest du auch den Preis.«
Erin studiert aufmerksam das Flugblatt. Dann meint sie: »Also, wenn ich fünfzig Euro im Voraus bekommen könnte?«
Kopfschüttelnd holt Molly einen Schein aus dem Geldbeutel und reicht ihn dem Mädchen, das nun strahlend einen Kugelschreiber nimmt und auf der Kundenliste einen weiteren Namen

anfügt: Ronán Kavanagh, Brückenweg, Dingle. Dann bringt es den Geldschein zurück zu der verblüfften Molly.

Der Geländewagen holperte also zum letzten Kunden, hinter zu dem Cottage am Fluss. Diesmal war Ronán zu Hause; er stand auf der Leiter. Überrascht schaute er zu, wie seine Schwester den Kühlcontainer heranschleppte.

Mollys Mundwinkel hoben sich zu einem Lächeln, als er die Stirn in Falten legte. In diesem Augenblick sah er Erin in Grübelstimmung verdammt ähnlich.

»Was ist denn das? Wollt ihr ein Picknick veranstalten?«

Es dauerte lange, bis er verstand, was das Mädchen ihm erklärte. Molly hielt sich aus der Angelegenheit heraus; es war die Idee ihrer Gehilfin gewesen, dann sollte sie es ruhig auch selbst vermitteln. Am klarsten kam die Anweisung am Ende, was er mit den eingefrorenen Portionen machen musste: Tiefkühlschrank, Mikrowelle, abspülen, im Container aufbewahren bis zum nächsten Samstag. Erin hatte gut aufgepasst, was Molly bei den anderen Kunden gesagt hatte.

Ronán war sprachlos. Erst als seine Schwester begann, die Sachen in die Küche zu tragen, kam er zu sich. Er warf Molly einen hilflosen Blick zu und ging der Jüngeren nach, um beim Einräumen zu helfen.

»Und hier hast du eine Liste, wo alles draufsteht, was es gibt. Immer mit einer dicken

Nummer. Und die dicke Nummer klebt auch auf den Packungen, siehst du? Da kannst du jeden Tag aussuchen, was du essen magst. Die Nachspeisen sind genauso nummeriert, aber du darfst die Reihenfolge natürlich verändern.« Erin war voll in ihrem Element.

Der Kapitän umarmte und drückte sie. »Du verrücktes Huhn! Du kannst doch nicht einfach deinen Lohn für mich ausgeben!«

»Bin kein Huhn! Und ich darf mit dem Geld machen, was ich will. Hast du selbst gesagt.« Sie strahlte übers ganze Gesicht.

Er studierte die Liste. »Hackbraten … Vanillecreme … Lasagne mit Käse-Sahne-Mangold … mmh! Da läuft einem ja das Wasser im Mund zusammen. Habt ihr das alles in dieser Woche gekocht?«

»Freilich. Ich hab immer geholfen.« Erin war mit Recht stolz. Molly grinste über Ronáns Begeisterung. »Du hast wohl länger nicht mehr so feine Sachen gekriegt?«, hakte sie nach.

»Meine Güte, nein! Bei mir gibt's meist ein ganz einfaches Essen, und oft drei Tage lang das Gleiche. Bin kein fantasievoller Koch, leider. Oh, ich freu mich schon auf heut Abend, da mach ich das Hühnerfrikassee mit Reis und Erbsen. Und hinterher vielleicht das Schoko-Eis mit Kirschen. Wie muss ich das denn auftauen? In der Mikrowelle schmilzt es ja.«

»Es steht bei jedem Gericht auf der Liste, wie du es am besten anstellst. Eis eine halbe Stunde vor Verzehr aus der Kühlung nehmen.« Es war gar nicht so einfach gewesen, im Vorfeld alles genau zu überlegen. Welche Information brauchte der Kunde? Wie formulierte man das knapp und präzise? Aber Molly war eine geborene Organisatorin; sie hatte gute Arbeit geleistet.

Jetzt wollte sie wissen, wie es mit dem Anbau vorwärtsging. Ronán zeigte ihr sein Werk. Auch er hatte allen Grund, stolz zu sein, hatte er doch ganz allein die Mauern hochgezogen und den Dachstuhl gebaut. Nur beim Fundament war ihm ein Freund zur Hand gegangen, die Schalung zu bauen und dann den Fertigbeton zu verteilen. Bewundernd sah Molly hinauf zu den exakt parallelen Dachlatten und zu der ersten Reihe Schieferplatten, die bereits aufgenagelt war.

»Wow! Das könnte ich nicht!«

Er lachte. »Na, dafür kann ich nicht kochen. War aber nicht so wild. Immer schön eins nach dem anderen. Wenn man sich auf einen einzigen Schritt konzentriert, geht es ganz gut, hab ich festgestellt. Es ist ja ein simpler Bau, einfach ein rechteckiger Klotz. Bloß schade, dass ich im Augenblick Zwangspause hab – das Geld ist alle, und Schiefer ist teuer. Zurzeit sind nicht so viele Touristen da. Na, am Patrickstag wird's lebhafter.« Er erklärte, wie die neuen Räume genutzt werden sollten.

Das Wohnzimmer mit den zwei Fenstern und der Terrassentür gefiel Molly besonders. »Du müsstest noch eine Glasveranda davorsetzen. Dann könnte man auch bei Regen draußen essen und auf den Bach schauen. Da blühen ja schon die ersten Narzissen, wie herrlich!«

Der Garten war nicht groß. Ein Rasenplatz ging bis an den Fluss hinunter, der hier nicht mehr von Ebbe und Flut betroffen war und ruhig zwischen grasigen Ufern dahinfloss. Auf der rechten Seite bildete eine Fuchsienhecke die Grenze zum Nachbargrundstück; linkerhand gab es ein Steinmäuerchen mit einem Brombeerdickicht, und dahinter lag Weideland. »Oder du baust eine Holzterrasse dort unten, sodass man da sitzen kann und die Füße ins Wasser hängen …« Sie unterbrach sich und lachte. »Ich weiß, ich hab zu viele Ideen. Aber diese Lage ist derartig idyllisch mit den Büschen und Weiden am anderen Ufer und dem Grasplatz auf dieser Seite; du solltest wirklich was draus machen, sobald du mit dem Anbau fertig bist. Ich komm gern und helf dir. Dort links könnte ein Blumenbeet sein, mit Lupinen, Rosen und Bauernmalven …«

Ronán hatte bisher das Häuschen angenehm gefunden, weil es nah am Städtchen und trotzdem abgelegen war, keine Miete kostete, und ihn die Nachbarn nicht störten. Mollys Entzücken öffnete ihm erst die Augen: Es hatte tatsächlich eine besonders schöne Lage. Friedlich und romantisch. Die Blumen, die sie aufgezählt hatte, kannte er zwar nicht, aber er stellte sich glühende Farben und Pflanzen unterschiedlichster Wuchshöhe vor. Vor allem jedoch stellte er sich Molly vor, wie sie die Erde umgrub, umringt von blühenden Töpfen aus dem Gartencenter, die aufs Einpflanzen warteten. Und später würde sie neben ihm auf dem Steg sitzen, vielleicht mit einem Glas Wein, und mit den Füßen baumeln.

»Darauf wäre ich nie gekommen. Du hast völlig recht. Molly, das machen wir. Aber du musst wirklich helfen; ich versteh wenig von Blumen.«

Sie blickte ihn voller Freude an, die Mundwinkel zu ihrem lieben Lächeln gehoben. »Das tu ich gern. Bepflanzen ist meine Lieblingsbeschäftigung – nach Kochen jedenfalls.«

Sie hatte das erst kürzlich herausgefunden, als sie in dem geschützten Winkel zwischen dem alten Farmhaus und den beiden kleinen Steincottages, die jetzt zum Café umgebaut wurden, einen Kräutergarten angelegt hatte. Jeden Morgen kontrollierte sie, ob die Pflanzen gewachsen waren, ob sie Wasser brauchten – was selten vorkam bei dem gesegneten irischen Wetter – und ob es Schnecken gab.

Molly hatte ihre Kindheit in der Stadt in einem schmalen Steinhaus verbracht, wo das nächste Grün in dem alten Friedhof schräg gegenüber zu sehen war. Nach dem Studium hatte sie allein in einem winzigen Mietappartement gewohnt. Rückblickend war das die schlimmste Zeit in ihrem Leben gewesen: Die Arbeit in der Bank hatte sie gelangweilt, und sie hasste die Einsamkeit, war sie doch von klein auf an Trubel gewöhnt. Fünf Geschwister sorgten damals natürlich stetig für Abwechslung, Drama und Wärme. Deshalb war sie nun auch so froh über Erins Gesellschaft. In der neuen großen Wohnung hatte sie sich anfangs gefühlt wie ein einzelner Schusser auf einem verlassenen Schulhof. Sie seufzte glücklich.

»Wir müssen weiter«, sagte sie. »Am Samstag hilft jetzt immer eine Frau in der Webstube, die Erin kennt. Vielleicht eine Freundin eurer Mutter? Ann Healey?«

Ja, Ann war eng mit Clare Kavanagh befreundet gewesen. Und sie war Weberin.

»Jedenfalls wollte deine Schwester dabei sein. Du weißt ja, wie gern sie an den Flickenteppichen arbeitet. Es ist ganz praktisch. Ich liefere sie ab, sobald wir unsere Lieferrunde erledigt haben, und setz mich mit meinem Laptop für drei Stunden dort ins Büro. Da hab ich Zeit, meine Grazeland-Buchhaltung auf den aktuellen Stand zu bringen und die Geldanlagen zu überprüfen. Dann fahren wir wieder heim.«

Ronán schüttelte den Kopf. »Und das nennst du praktisch? Du musst ja deine ganzen Unterlagen extra zusammensuchen und mitschleppen. Und kannst du denn in der fremden Umgebung überhaupt arbeiten?«

Molly verstand gar nicht, was er meinte. Sie war in der Lage, sich überall, unter welchen Umständen auch immer, auf ihre Zahlen zu konzentrieren. Sobald sie sich mit Finanzen beschäftigte, verschwand der Rest der Welt, sie blockte Ablenkungen komplett ab. Und da die Belege ohnehin in einem Aktendeckel gesammelt wurden, war es einfach, diese und den Computer mitzunehmen. Normalerweise saß sie jeden Vormittag für zwei Stunden daran, während Erin sich um den Abwasch kümmerte und im Stall half. Am Samstag jedoch benützte sie den Morgen, um die Wohnung zu putzen, Wäsche zu waschen und den Haushalt generell wieder auf Vordermann zu bringen. Ab zehn aber war sie neuerdings unterwegs, um die Fertiggerichte auszuliefern.

Sie zuckte mit den Schultern. »Ich finde es geschickt, ja. Erin, komm, wir müssen los; Ann wartet bestimmt schon auf dich.«

Das Mädchen umarmte Ronán, der sich noch einmal für das Essen bedankte. Die beiden Frauen fuhren ab, während er ihnen nachschaute.

Molly wurde mit der Buchführung fertig, bevor Erin wieder aus der Webstube auftauchte. Sie beschloss, einen Spaziergang zum Leuchtturm zu unternehmen. Der Himmel hatte sich bereits seit dem späten Vormittag zusehends gelichtet, der Regen war weitergezogen, und nun glänzte die Hafenbucht frisch gewaschen im Sonnenlicht. Molly trat durch die Gartenpforte hinaus aufs freie Feld. Hier weideten Jungrinder, die sie aber nicht weiter belästigten, als sie die Weide überquerte und schließlich zu dem ausgetretenen Weg am Meer kam. Sie wandte sich nach links.

Der Leuchtturm war niedrig; er stand auf der grünen Hochküste an der engsten Stelle der Hafeneinfahrt. In Betrieb war er allerdings schon lang nicht mehr, zwei elektrische Leuchtbojen markierten nun die Einfahrt für die Boote. Neben dem gedrungenen rot-weißen Turm duckte sich ein niedriges Gebäude, in dem früher der Leuchtturmwärter gewohnt hatte. Die ganze Anlage war von einer gekalkten Steinmauer umgeben.

Neugierig spähte Molly durch das fest verschlossene schmiedeeiserne Tor in den Hof. Ein Teil des Platzes war von hohen Unkrautstauden verdeckt, aber alles, was zu sehen war, wirkte etwas heruntergekommen und schäbig. Offenbar kümmerte sich niemand darum. Was für ein idealer Ort das wäre, um ein Café zu eröffnen! Sie konnte es sich genau vorstellen: die kleinen Tischchen im Freien, die Anrichte mit Apfelkuchen, Scones und Erdbeertorte, das bunte Keramikgeschirr … Aber dann musste sie selbst über ihre Fantasie schmunzeln. Gäste würden schon kommen; der Spaziergang dauerte eine gute halbe Stunde von Dingle aus und war sehr beliebt. Es führte jedoch keine Straße her, nicht mal ein Feldweg. Und alles nötige Material zu Fuß herschleppen? Nein, das war nicht realistisch. Im Übrigen wusste sie genau, dass die Leuchttürme Staatsbesitz waren und in der Regel weder vermietet noch verkauft wurden. Schade.

Sie drehte sich zum Meer. Einige Boote tuckerten im ruhigen Wasser des Hafenbeckens im Kreis herum. War der blaue Kutter nicht die *Mermaid*? Sie kniff die Augen zusammen, um gegen das Licht besser sehen zu können. Ja, sie hatte sich die Form des Steuerhäuschens gemerkt. An der Reling standen Touristen und starrten ins Wasser. Da musste Fungie schwimmen.

Sie konnte ihn allerdings nicht entdecken, die Sonne glitzerte auf den Wellen und blendete. Vorsichtshalber winkte sie; vielleicht schaute Ronán ja zufällig gerade herüber …

Bevor sie zu der Camphill-Siedlung zurückkehrte, ging sie langsam einmal um den Leuchtturm herum. An einer Stelle waren ein paar Steine von der Mauerkrone heruntergefallen; dort musste es möglich sein, darüberzuklettern. Allerdings wäre es relativ ungemütlich, denn genau hier wucherten die Brombeeren. Auch an der Landseite gediehen diese stacheligen Pflanzen. Wahrscheinlich genossen sie den Windschutz durch die Mauer.

Molly näherte sich der Ecke, um wieder nach vorn auf den Küstenweg zurückzukehren. Plötzlich hörte sie neben sich etwas rascheln. Geduckt drängte sich jemand zwischen Ranken und Mauer heraus und stieß beinahe mit ihr zusammen. Es war der Rucksackmann, wie Erin ihn nannte. Wie hieß er noch? Russell – irgendwie.

Er fuhr entsetzt zurück, als er sie sah. Seine aufgerissenen Augen zeigten, wie sehr sie ihn erschreckt hatte. Molly murmelte eine Entschuldigung, um ihn zu beruhigen. Als er nicht antwortete, hielt sie es für das Beste, einfach zu gehen. So ließ sie ihn stehen. Er würde sich schon wieder fangen. Wie konnte man nur derartig schlechte Nerven haben? Schließlich traf man an dieser malerischen Küste öfter auf andere Wanderer. Ach, vielleicht war er nur verlegen. Bestimmt hatte er ein gewisses Bedürfnis verspürt und ein

Versteck gesucht. Dabei wollte man natürlich niemandem begegnen. Sie kicherte in sich hinein.

Aber alle Achtung! Er hatte eine tüchtige Wanderung hinter sich. Von Ventry bis hierher dürften es elf oder zwölf Kilometer sein. Das hätte sie ihm gar nicht zugetraut. Mit den hochgezogenen Schultern und der verkrampften Kopfhaltung wirkte er nicht besonders sportlich.

Auf dem Rückweg beobachtete sie Ronán, der das Boot nun zum Hafen lenkte. Seine ruhige, bescheidene Art gefiel ihr sehr – ganz abgesehen von den klaren grauen Augen und den langen Locken, die er meist zusammengebunden trug, leider. Im Geiste sah sie ihn auf einem Dreimaster vorn im Bug an die Reling gekrallt, die Haare vom Wind gepeitscht … Molly grinste schon wieder. So romantisch war sie sonst gar nicht, aber dieser Mann regte ihre Fantasie auf ungewohnte Weise an. Ob der Bart sich wohl kratzig anfühlte? Sie fand, er sah weich aus …

Erin war noch nicht aufgetaucht; so unterhielt sie sich ein wenig mit der rothaarigen Fahrerin, die mittwochs immer die Gruppe nach Grazeland brachte, und die gerade die Motorhaube des kleinen Busses anhob.

»Hallo, Lou! Wie geht's denn?«

Lou warf ihr einen verschmitzten Blick zu. »Mir persönlich prima, aber dem Mistkarren hier nicht. Läuft unrund.« Energisch setzte sie einen Schraubenschlüssel an und lockerte ein paar fest sitzende Muttern.

»Oh. Willst du das etwa selber richten?«, fragte Molly fasziniert.

»Bin KFZ-Mechanikerin«, knurrte die zierliche junge Frau, den Kopf tief über den Motorraum gebeugt.

Beeindruckt schaute Molly zu, wie Lou konzentriert diverse Teile löste – Zündkerzen vielleicht? –, diese sorgsam abwischte, kritisch beäugte und wieder einsetzte.

»Sei doch mal so gut und lass den Motor an, ja? Handbremse ist angezogen, Schlüssel steckt. Nur anlassen, bitte.«

Molly kletterte auf den Fahrersitz und tat wie geheißen. Sie beugte sich aus der offenen Tür, um zu sehen, was passierte.

Lou schien zu horchen. Ab und zu hantierte sie mit einem Schraubendreher im Motorblock. Schließlich rief sie: »Ist gut; würg ihn ab.« Sie ließ den schweren Deckel zufallen und wischte sich die Hände an einem Lappen ab.

Molly stieg aus. »Das hätte ich nie gekonnt!«, sagte sie. »Wenn an meinem Auto irgendwas nicht stimmt, bin ich völlig hilflos. Ich kann bloß tanken und Öl nachfüllen.«

Lou lachte. »Dafür kann ich nicht backen. Die Kuchen, die du uns am Mittwoch nach dem Reiten immer mitgibst, sind einsame Spitze.«

»Und du hast echt eine Lehre in der Autowerkstatt gemacht? War das nicht schrecklich schwierig?«

»Schwierig war es bloß, einen Ausbildungsplatz zu kriegen und mich gegen die Machos durchzusetzen. Aber ich bin zäh, und wenn ich etwas wirklich will, dann kämpf ich drum.« Ein breites Lachen erhellte ihr Gesicht. »Nach der ersten blutigen Nase haben mich die Kerls in Ruhe gelassen.«

Mollys Augen wurden groß, während in ihrem Kopf ein kurzer, aber sehr befriedigender Film ablief: *Nancy Miller beharrt darauf, dass Ronán zu ihr gehört. Molly gibt ihr eins auf die Nase. Die Konkurrentin räumt schluchzend das Feld.*

Sie seufzte. Nicht ihr Weg. Sie musste wohl einen anderen finden.

Lou fuhr fort: »Jetzt mach ich ein freiwilliges halbes Jahr hier bei den Camphill-Leuten. Nebenher pauke ich für den irischen Personenbeförderungsschein. Ich bin in Deutschland aufgewachsen und hab dort den Taxischein und Busführerschein gemacht, in Irland brauch ich allerdings zusätzlich den hiesigen.«

»Donnerwetter, da hast du aber schon allerhand geschafft in deinem Leben! Dabei schaust du aus wie knapp achtzehn.«

Lou warf den Kopf zurück und lachte ihr ansteckendes Lachen. »Bin sechsundzwanzig.«

»Was? Zwei Jahre älter als ich? Das hätt ich nicht gedacht. – Willst du denn Taxi fahren? In Dublin, oder wo?«

»Nein, ich will Touristen rumkutschieren. Als Reiseführerin, verstehst du? Überall im ganzen Land. Hab schon eine Firma in Aussicht, die mich nimmt.«

Molly schüttelte bewundernd den Kopf. Gern hätte sie noch mehr erfahren, aber nun kam Erin aus dem Haus. Sie umarmte zuerst Lou und dann Molly und sagte: »Das war schön. Freu mich auf nächste Woche. – Können wir gleich heim? Rumpelstilzchen wartet bestimmt längst auf mich.«

9

Es war Ende März. Ronán war damit beschäftigt, das alte Wohnzimmer umzuräumen. Natürlich konnte er die Möbel noch nicht in den Anbau schaffen, solange der nicht gedeckt war. Er wollte jedoch unbedingt eine Ecke für Erin einrichten, selbst wenn die Matratze zunächst auf dem Boden liegen musste. Es war doch unzumutbar für Molly, ihre Mitbewohnerin dauernd, sogar an Samstagen, am Hals zu haben.

Er hatte sich einen Plan zurechtgelegt: Nach der Auslieferungstour brachte Molly seine Schwester zur Webstube, und dann fuhr sie heim, wo sie ihre Arbeit in Frieden erledigen konnte. Am Ende des Nachmittags holte er Erin ab und behielt sie für den Abend und auch nachts. So war es Molly freigestellt, was sie mit dem Rest des Tages anfing; schließlich wollte sie bestimmt mal durch die Pubs ziehen oder tanzen gehen.

Als er den Motor hörte, blickte er neugierig aus dem Fenster. Die Straße – wenn man die Fahrspur so nennen konnte – endete ja an seinem Häuschen. Hatte sich jemand verirrt? Es war ein Pick-up, und nun stieg der Fahrer aus. Ronán trat vor die Tür.

»Hallo, Ronán«, grüßte der große Schwarzhaarige.

Jetzt erkannte er ihn; das war der Baumeister, mit dem Maura verlobt war.

»Hi, Brendan, nett, dass du mich besuchst. Oder hast du dich verfahren?«

Die knallblauen Augen blitzten erheitert. »Nein, nein, ich will schon zu dir!«, Brendan lachte. »Molly hat mir erzählt, dass du Dachplatten brauchst, und ich bring dir welche.« Er zeigte auf die Ladefläche, auf der ein großer Haufen Schieferplatten lag.

Ronán fuhr sich durch die Haare. »Ah, … ich glaube, das ist ein Missverständnis. Es stimmt schon, dass ich sie bräuchte, aber ich hab momentan kein Geld dafür«, erklärte er zögernd.

Der Architekt schüttelte den Kopf. »Die kosten nichts. Ich arbeite an drei Tagen für ein Bauunternehmen in Limerick. Bei diesen Großprojekten bleibt grundsätzlich Baumaterial übrig, mal mehr, mal weniger. So genau kann man das im Voraus oft nicht planen, und es wird ja palettenweise bestellt. Das Zeug liegt meistens herum, bis der Bau beendet ist und der Platz aufgeräumt wird. Ich hab diese Woche auf vier verschiedenen Baustellen nach solchen Platten gesucht, und das ist die Ausbeute.«

Als Ronán immer noch unschlüssig dreinschaute, setzte er hinzu: »Das ist ganz korrekt; hab meinen Boss um Erlaubnis gefragt. Er ist heilfroh, den Schiefer so leicht loszuwerden. Sonst müsste er ihn in seine Lagerhallen bringen lassen, was Zeit und Arbeit kostet. Glaub mir, die großen Unternehmen rechnen nicht mit einzelnen Schieferplatten. – Diese hier haben sowieso verschiedene Farben, wie du siehst, sodass man sie gar nicht für ein neues Projekt verwenden kann. Ich hoffe, das macht dir nichts aus?«

Ronán konnte sein Glück nicht fassen. Ob die Platten grau, schwarz, bläulich oder braun waren, spielte für ihn keine Rolle. Und da sein Anbau praktisch für keinen Menschen sichtbar war, spielte es für überhaupt niemanden eine Rolle. »Donnerwetter!«, platzte er heraus. Und noch einmal: »Donnerwetter!« Erst danach war er in der Lage, sich ordentlich zu bedanken.

Brendan winkte ab. »Gern geschehen, wirklich. Wo sollen die Dinger denn nun hin?«

Gemeinsam stapelten sie die Schieferplatten, die alle die übliche Normgröße hatten, an der Außenwand auf. Dann besichtigte der Baumeister Ronáns Werk. Als Fachmann wusste er es entsprechend zu würdigen. Nachdenklich musterte er die Dachlinie, dort, wo das alte Dach das neue überlappte.

»Denkst du, der Überhang reicht?«, fragte Ronán. »Ich war nicht ganz sicher.«

»Du solltest an der Verbindungsstelle zusätzlich einen Bleistreifen einsetzen. Weißt du, was ich meine?«

»Ah, ja. Ich kenne die Dinger. Aber ob ich das hinkriege? Na, kommt Zeit, kommt Rat. – Was machst du denn da?«

Brendan war schon oben auf der Leiter. »Los!«, kommandierte er gut gelaunt. »Wir nageln ein paar Reihen drauf – ich hab's nicht eilig heut.

Und das mit dem Bleistreifen zeig ich dir, wenn's so weit ist. Ist kein Problem, bloß muss man wissen, wie man damit umgeht.«

Vier Hände leisten mehr als zwei, das stellte Ronán dankbar fest, als der Baumeister nach fast drei Stunden heimfuhr. Und falls Brendan wirklich morgen gegen Abend wiederkommen würde, wie er es versprochen hatte, dann schafften sie es vielleicht bis ganz oben.

In seinem Eifer, endlich ein Dach über dem Kopf zu haben, legte er den Hammer erst weg, als es dämmerte. Nach einer langen heißen Dusche und Fertigmenü Nummer fünf war er wiederhergestellt, sodass er noch auf ein Bier ins Städtchen radelte. Er war zu aufgedreht, um still daheimzubleiben. Und am Mittwoch gab es bei John Benny immer gute Musik.

Allerdings bedauerte er diesen Entschluss, sobald er das Pub betrat. Da saß Nancy Miller in Lebensgröße auf einem Barhocker und strahlte ihn an.

»Ich bin zurück, Schätzchen, was sagst du dazu?«, rief sie und fiel ihm um den Hals.

Molly beeilte sich mit der Auslieferungstour am Samstag, so gut es ging. Sie fuhren schon um neun los, auf die Gefahr hin, einige Kunden beim Frühstück zu stören oder gar aus dem Schlaf zu schrecken. Aber heute war Mauras Hochzeit; da mussten sie frühzeitig zurück in Ballyferriter sein.

Die Runde hatte sich noch etwas vergrößert, denn drei neue Interessenten hatten eine Ladung bestellt. Von den Erstkunden war nur einer abgesprungen, alle anderen schrieben ihr begeisterte E-Mails. Inzwischen fand sie den Weg zu den einzelnen Häusern ohne Schwierigkeiten, was Zeit sparte. Meist schleppte ihre Gehilfin die Kühlbox ins Haus, während Molly schon den Wagen wendete.

Erin liebte es, kurz mit den Leuten zu plaudern. »Guten Morgen! Hier kommt das Essen für die nächste Woche«, sagte sie. »Hat alles gut geschmeckt?« Dann kam sie mit dem alten Container voll leerer Teller zum Auto zurück und strahlte herzerwärmend übers ganze Gesicht.

Beim Rucksackmann in Ventry trafen sie niemanden an, aber am Gefrierschrank im Vorraum klebte ein Fünfziger, und daneben stand die Kühlbox mit dem Geschirr der vergangenen Woche. Also räumten sie die frischen Gerichte in die Fächer und stellten die neue Box dazu.

Auch bei Ronán mussten sie den Tiefkühlschrank selbst füllen. Er war vermutlich schon im Hafen, das Wetter war wunderbar: Sonne und Wolken und ein lebhafter Wind. Nach den ersten sechs Tagen hatte er offenbar nicht mit weiterer Versorgung gerechnet und war sehr überrascht gewesen, als das »Futterteam«, wie er es nannte, am darauffolgenden Samstag wieder anrollte.

Aber Erin bestand darauf, den Bruder von ihrem verdienten Geld zu beköstigen. Letzten Endes blieb ihm nichts anderes übrig, als sich zu fügen. Arg unangenehm war es ihm auch nicht – die Fertiggerichte schmeckten wirklich zu lecker, und so viel Abwechslung hatte es in seinem Speiseplan nicht mehr gegeben, seit er daheim ausgezogen war.

Im Gegenzug bat er Molly, eine ganze Liste von DVDs online zu bestellen, und gab ihr das Geld dafür. Er selbst hatte keinen Computer, nicht einmal Internetzugang. Bisher hatte er ab und zu in der Videothek welche ausgeliehen, aber Erin wollte Filme, die ihr gefielen, wieder und wieder ansehen. Einen Laptop, auf dem sie die Sachen abspielen konnte, hätte er ihr gern dazu geschenkt; das konnte er sich jedoch augenblicklich nicht leisten. Einstweilen störte es Molly nicht, sagte sie, wenn abends ein Film lief. Im Gegenteil, sie schaute sogar selbst oft zu, ob es nun Kinderfilme oder Musicals waren. Stummfilme, Abenteuerfilme und englische Komödien liebten ohnehin beide Frauen.

Die Trauung fand in der kleinen Kirche in Ballyferriter statt. Da Maura und Brendan überall bekannt und beliebt waren, reichten die Sitzplätze gar nicht aus, und viele Leute mussten stehen. Die geladenen Gäste hatten sich herausgeputzt, deshalb gab es ein prachtvolles Bild, als sich hinterher alle auf dem Vorplatz für die ersten Hochzeitsfotos versammelten.

Maura trug klassisches Weiß, Brendan im Cut sah glänzend aus. Eingerahmt war das schöne Paar von den Brautjungfern in lebhaftem

Orange-Goldbraun, was sowohl zu Mollys braunem Schopf als auch zu Colleens dunkelroter Mähne blendend passte.

Erin in einem neuen halblangen königsblauen Kleid musste natürlich ebenfalls dabei sein. All die Mütter, Tanten, Schwestern und Freundinnen in ihren farbenfrohen Gewändern leuchteten zwischen den gemäßigteren grauen, blauen und schwarzen Anzügen der Männer wie bunte Paradiesvögel.

Die Feier fand ab fünf im Skellig-Hotel bei Dingle statt, ein Stückchen außerhalb der Stadt, direkt an der großen Hafenbucht. Nach einer üppigen Kaffeetafel schlenderten die meisten bei einem Verdauungsspaziergang über den Rasen hinunter ans Ufer. Das Brautpaar stand mit Brendans Eltern, die aus Chicago angereist waren, am Rand der Wiese.

Maura deutete hinaus zur engen Einfahrt in das Hafenbecken. »Schaut, da sind immer noch zwei Boote draußen bei Fungie! Das müsst ihr morgen unbedingt auch machen; der Ausflug lohnt sich«, empfahl sie den Gästen. Sie erzählte die Geschichte von dem Dingle-Delfin, lebhaft von Brendan unterstützt. Beide waren am Donnerstag von Ronán auf den Trip eingeladen worden, als Dank für die Hilfe beim Dachdecken und die Schieferplatten.

»Oh! Maura! Platze ich etwa gerade in deine Hochzeit hinein? Wie cool ist das denn?«

Auf den temperamentvollen Ausruf hin drehten sich alle um.

Die Journalistin – wie hieß sie noch? – war offenbar von Dingle her auf dem Wanderweg gekommen, der an dieser Stelle durch das Gelände des Hotels führte.

Jetzt fiel der Braut zum Glück der Name wieder ein. »Stimmt, Nancy; wir haben heute geheiratet!«, bestätigte sie stolz und zog Brendan zu sich. Sie hatte nicht vergessen, wie interessiert die Amerikanerin an Silvester den Architekten gemustert hatte.

Nancy beglückwünschte beide in ihrer leicht durchgeknallten Art.

Brendan fühlte sich durch ihren überschwänglichen Tonfall an seine Zeit in Chicago erinnert. Belustigt winkte er einen Kellner heran und gab dem Zaungast ein Glas Sekt. »Hier, trink auf unser Wohl!«, forderte er sie lächelnd auf und hob sein eigenes Glas.

Nachdem dieses Zeremoniell erledigt war, plauderte Nancy noch eine Weile mit ihnen.

Was will sie nur, dachte Maura, hofft sie auf eine Einladung oder was? Seit Molly ihr von dem Zusammenstoß mit der Reporterin erzählt hatte, hielt sie nicht mehr besonders viel von der Fremden, obwohl diese einen hervorragenden Bericht über Grazeland in einem wichtigen Reisejournal veröffentlicht hatte. Aber so ein Verhalten konnte sie nicht tolerieren.

»Na, ich will euch nicht länger stören«, beendete Nancy ihren Wortschwall. »Eigentlich bin ich bloß auf der Suche nach Ronán. Im Ort haben sie mir gesagt, er sei hier auf einer Feier – meine

Güte, dabei ist das eure Hochzeit, wie aufregend! So ein besonderer Tag. Also, jedenfalls möchte ich mit ihm sprechen.«

Natürlich hatten sie Erin eingeladen; sie wohnte schließlich bei ihnen. Auch den Käpten hätten sie gern dabeigehabt. Der Grund für seine höfliche Absage war jedoch etwas unklar geblieben. Weder Maura noch Molly oder Brendan waren auf die Lösung gekommen: Er hatte nicht aufdringlich sein wollen und fand, dass die Anwesenheit seiner Schwester schon genug Belastung wäre. Deshalb hatte er Erin auch vor ein paar Minuten abgeholt.

Die junge Frau war ganz zufrieden damit gewesen; schließlich war sie solchen Trubel nicht gewöhnt. Bisher jedoch schien sie alles gründlich genossen zu haben: ihr hübsches neues Kleid, das feierliche Zeremoniell in der Kirche, wo sie Blumen hatte streuen dürfen, die Aktion mit dem Fotografen und nicht zuletzt die unterschiedlichen Kuchen und Torten.

Jedenfalls war Ronán nicht mehr da, und er war Nancy nur deshalb nicht in die Arme gelaufen, weil er mit dem Rad auf der Zufahrtsstraße anstatt auf dem Küstenweg gekommen war. Im Gepäckkorb lag nun Erins kleine Reisetasche, denn sie sollte erstmals bei ihm über Nacht bleiben, was sie mindestens so aufregend fand wie die Hochzeitsfeier.

Brendan meinte: »Ach wie schade! Nein, Ronán ist nicht hier. Er wird wohl zu Hause sein.«

»Ah. Dann haben sie mir falsch berichtet. – Hm, wo ist das genau?«

Wie? Sie behauptete, seine Freundin zu sein, und wusste nicht, wo er wohnte? Bevor Brendan den Mund aufmachen konnte, bedauerte Maura: »Tut mir ja so leid für dich – ich hab wirklich keine Ahnung. Weißt du, wir kennen ihn ja eigentlich kaum.« Dann wandte sie sich an ihren frisch gebackenen Ehemann: »Bren, würdest du mir wohl noch ein bisschen Sekt organisieren? Ich könnt mich reinsetzen in das Zeug.«

Sie kicherte, und er marschierte folgsam ab, wobei er sich etwas über die Braut wunderte. So albern redete sie sonst nicht, und er konnte sich wahrhaftig nicht erinnern, sie schon mal kichern gehört zu haben. Ob sie einen Schwips hatte?

Als er mit einem Tablett voll Gläser zurückkam, hatte die Journalistin bereits den Rückzug angetreten. Molly, die ihn begleitete, schaute ihr stirnrunzelnd nach. »Wer ist denn das? Die sieht fast aus wie diese Amerikanerin von Ronán.«

»Richtig. Die war das. Sie hat ihn hier gesucht, stell dir vor! Wir haben ihr gesagt, dass er heimgefahren ist.«

Die Falten auf Mollys Stirn wurden tiefer. Sie sah schon wieder Filme vor ihrem geistigen Auge ablaufen, aber diesmal waren sie unangenehm: *Ronán zwischen Erin und Nancy auf dem ziemlich kleinen Sofa, während sie vielleicht fernsehen und Erdnüsse knabbern. Später müssen sie ja wohl ins Schlafzimmer, weil Erin im Wohnzimmer auf der Matratze schläft …* Energisch schaltete sie das Kopfkino ab. »Was hast du noch gesagt, Maura? Entschuldige, hab grad an was anderes gedacht.«

Die Freundin wiederholte grinsend: »Die weiß nicht mal, wo er wohnt, Molly. Sie hat uns gefragt, und ich habe Bren im letzten Augenblick davon abhalten können, ihr Auskunft zu geben.« Sie ergriff liebevoll die Hand ihres Bräutigams und schenkte ihm dann ihr berühmtes Grübchenlächeln.

Molly riss die braunen Augen auf. Wenn das so war, dann ... na, dann konnte es mit der innigen Beziehung nicht so weit her sein, wie Nancy behauptet hatte. Und das wiederum bedeutete ...

Sinnend blieb sie am Meer stehen, während die anderen zur Terrasse zurückgingen. Goldgelb stand die Sonne hinter den Hügeln im Westen. Gelb wie die Eifersucht, dachte sie. Und nun brauchte sie nicht mehr eifersüchtig zu sein! Die Sonne verschwand, doch in Molly war es hell geworden.

Sie trank ihr Glas aus und verspürte einen wilden Augenblick lang den Drang, den Kelch weit ins Wasser zu schleudern. Oder auf die Steine der Uferbefestigung. Das würde ihrer Seele Luft machen! Aber das ging natürlich nicht. So stieß sie wenigstens einen Juchzer aus und drehte sich schwungvoll mit weit ausgebreiteten Armen um. Fast wäre sie mit jemandem zusammengestoßen, der hinter ihr stand. Wieder mal der Rucksackmann. Er musste links auf dem Uferweg herangekommen sein, ohne dass sie es bemerkt hatte.

Sie musste lachen. »Entschuldigung«, kicherte sie. »Ist es nicht zum Schießen, dass wir zwei uns dauernd in die Quere kommen?«

Aus dunklen Augen musterte er sie unter dichten, struppigen Brauen. »Ja, sehr komisch«, gab er mit unbewegter Miene zu.

Molly fand ihn etwas sonderbar, aber sie war nun einmal in Fahrt. Der Sekt, die Aufregung des Tages und die freudige Überraschung soeben perlten in ihrem Blut. »Herrlicher Tag heute, nicht? Wir haben dir heute früh wieder Essen für eine Woche geliefert. Hast du es schon gefunden, Russell?«

Er brummte einen Dank. Da ihr seine durchdringenden Blicke nun doch lästig wurden, wandte sich Molly zum Hotel. »Schönen Abend noch«, wünschte sie.

Als sie zu den anderen Gästen trat, sah sie unauffällig zurück zur Küste. Der Mann hatte sich wieder in Bewegung gesetzt und wanderte mit gleichmäßigen Schritten auf Dingle zu, die Schultern hochgezogen, den Kopf gesenkt, wie immer den Rucksack auf dem Buckel und beide Hände seitlich in die Gurte eingehakt. Eine seltsame Gestalt!

Molly hatte der Hochzeit mit gemischten Gefühlen entgegengesehen. Einerseits freute sie sich natürlich über das Glück ihrer Freundin. Sie wusste ja, dass die zwei glänzend zusammenpassten, und nicht nur, weil beide besonders gut aussahen. Auch das neue Kleid genoss Molly. Sie fand zwar meist ihre Figur zu kompakt, den

Busen zu wenig ausgeprägt und das eigene Gesicht etwas langweilig. Zu klein war sie außerdem geraten. Aber es war Maura immerhin inzwischen gelungen, die Freundin mit dem eigenen Aussehen weitgehend auszusöhnen, schließlich konnte sie sich mit dem formvollendeten zierlichen Mund, den ausdrucksvollen Augen und dem herzförmigen Gesicht durchaus sehen lassen. Ihre Frisur stand ihr gut und betonte den Nacken, der laut Maura klassisch war. Der Rocksaum zeigte ihre hübschen Knöchel, der Ausschnitt war nicht zu tief. Ihre Arme und Schultern mochte Molly sogar selbst: keine Spur Fett, aber genau die richtige Menge Muskeln.

Sie freute sich auch auf das Hochzeitsmenü, das nicht sie kochen musste; ein solches Essen war jedes Mal ein besonderer Genuss für sie. Andererseits graute es ihr insgeheim davor, den ganzen Nachmittag und Abend auf hohen Absätzen zu verbringen. So etwas waren ihre Füße nicht gewöhnt. Und natürlich war ein Fest mit Tanz immer ein Problem für Singles. Da Maura die klassischen Paartänze liebte, würde die Band kaum die Sorte Rockmusik spielen, bei der jeder einzeln auf die Tanzfläche springen und sich austoben konnte. Nein, man brauchte einen Partner.

Als allerdings nach dem Essen Maura und Brendan den Ball mit einem spektakulären Tango eröffneten, war Molly so aufgedreht und vergnügt, dass sie all ihre geheimen Ängste vergaß. Es gab genug Männer, die gern und viel tanzten, und sie kam nur selten zum Verschnaufen.

Besonders oft wurde sie von Nick, einem hervorragenden Tänzer, auf die Tanzfläche gezogen. Er führte so gut, dass Mollys mangelnde Erfahrung überhaupt keine Rolle spielte, er war ein angenehmer Gesprächspartner, und man musste nicht fürchten, dass er unangenehm zudringlich wurde, weil er nämlich Männer bevorzugte. Molly hatte den Studienfreund Mauras schon am Vortag zu Hause kennengelernt. So verging der Abend wie im Flug, und sie kam gar nicht dazu, über ihre armen Füße nachzudenken.

Das Brautpaar hatte ein Zimmer im Hotel ge nommen, und für die Gäste standen am Ende mehrere Großtaxis bereit, um sie nach Dingle, Dunquin, Ballyferriter oder Ballydavid zu bringen. Seufzend streifte Molly die hochhackigen Sandalen ab, sobald sie hinten auf der Bank Platz genommen hatte.

Nick neben ihr lachte. »Schlimm?«

Sie verdrehte als Antwort nur die Augen und stöhnte.

Er legte den Arm um sie. »War es nicht ein wunderbares Fest? Ich freu mich so für Maura … Und vielen Dank, Molly, dass du dauernd mit mir getanzt hast. Hoffentlich hab ich dir nicht alle Chancen vermasselt?«

Molly grinste. »Der Einzige, an dem ich interessiert bin, war gar nicht da. Also hast du mir nix vermasselt. Eher hast du mich vor einem Abend als Mauerblümchen gerettet.«

Nick schüttelte ungläubig den Kopf. »Das kann nicht dein Ernst sein. Du bist eine ungeheuer attraktive Frau, ist dir das gar nicht klar? Es liegt nicht nur daran, wie du ausschaust, nämlich toll, sondern vor allem, wie du dreinschaust.«

Sie zog fragend die Augenbrauen hoch, woraufhin er nachdenklich anfügte: »Warmherzig. Interessiert. Verlässlich. – Ich hoffe, der, der heut nicht da war, hat dich verdient …«

Dankbar kuschelte sie sich an ihn an. Was für ein lieber Typ er doch war! Ihre Gedanken kehrten jedoch rasch wieder zu Ronán zurück. Wie sollte sie denn jetzt vorgehen? Frei war er, wie sie nun wusste, aber ob er sie auch so sah wie Nick? Möglicherweise stand er ja auch nicht auf Frauen. Wenn er nicht mal auf Nancy reagierte, die ihm ja deutlich genug zu verstehen gab, dass sie ihn wollte … Die groß gewachsene Journalistin mit der filmreifen Figur, immer sonnengebräunt und durchtrainiert, stets perfekt zurechtgemacht, unterhaltsam und gescheit … Und daneben sie selbst in ihren ewigen Jeans und Turnschuhen, mit der hellen Haut, höchst selten geschminkt …

Molly merkte, wie sie wieder unsicher wurde, und wehrte sich energisch dagegen. Ganz bestimmt mochte er sie, das bestätigte sich ja bei jeder Begegnung. Vielleicht war er schüchtern. Vielleicht sollte sie die Initiative ergreifen. Bloß Pech, dass sie selbst ebenfalls schüchtern war! Na, jetzt wurde erst mal geschlafen; das Taxi war angekommen.

Links, rechts, links, rechts. Er musste seinen Rhythmus wiederfinden. Die Begegnung hatte ihn aus dem Takt gebracht.

Diese Frau ... Sie hatte ehrlich aufgejubelt, als sie ihn sah. Und ihn angelacht, mit strahlenden Augen. Er musste sich besinnen – wie hieß sie gleich noch? Ja, richtig, Molly. Was für ein passender Name; keine spitzen, harten Laute. Genau wie sie. Da war nichts Kaltes, Abweisendes an ihr. Sie fühlte sich bestimmt weich und warm an ...

Schon neulich war sie ihm fast in die Arme gelaufen. Damals war er erschrocken. Weshalb eigentlich? Er konnte sich nicht mehr erinnern. Irgendetwas Geheimes ... Jedenfalls schien sie ihn gern zu haben. Sie tauchte dauernd in seiner Nähe auf.

Wie eine Flamme hatte sie vorhin ausgesehen, mit diesem leuchtenden Kleid. Orange und Rot und Gold und Kupfer. Er musste versuchen, ihr das nächste Mal eine Freude zu machen. Bloß wie?

Sein Kopf quälte ihn heute ärger als sonst. Wie Watte, dumpf, mit einem leisen, aber hartnäckigen Brummen. Ob es mit den Tabletten zusammenhing? Er nahm schon seit vorgestern keine mehr. Aber wenn er sich so unternehmungslustig fühlte wie in den letzten paar Tagen, war es doch pure Verschwendung, vor allem, weil seine Vorräte bald zu Ende gingen. Momentan musste er sich nicht jeden Morgen zum Aufstehen zwingen, sondern wachte früh und fit auf. Vielleicht sollte er wenigstens abends die Beruhigungsmittel wieder schlucken, damit er schon vor Mitternacht einschlafen konnte. Andererseits: Solange ihm der Schlaf gar nicht fehlte, machte es ja eigentlich nichts.

Sie hatten gesagt, ausreichend Ruhe. Na, vier Stunden reichten ihm eben. Sie hatten gesagt, nie das Olanzapin vergessen. Es gleicht die Stimmungen aus, hatten sie gesagt. Aber seine Stimmung war so erfreulich, warum sollte er sie dämpfen? Und außerdem waren nicht mehr viele Pillen da. Danach musste er nach Belfast, um Nachschub zu kriegen, und vielleicht wollten sie wieder, dass er dablieb, bis er »richtig eingestellt« war. Blöder Ausdruck. Besser, die Tabletten sparsam zu verwenden.

Keinen Alkohol, hatten sie gesagt. Manchmal wurde die Ginflasche in seinem Rucksack so schwer … so schwer. Alles würde leichter, wenn er sie aufmachen dürfte und ein paar Schlucke trinken. Es musste ja nicht gleich die ganze Pulle sein …

Nein! Jetzt war er schon so lange standhaft geblieben.

Seit er abends die Fertiggerichte hatte, brauchte er nur mehr selten einzukaufen. Also schnell durch die Stadt und heim. Das Essen hatte die Frau gekocht, wie hieß sie noch? Ach ja, Molly. Wie eine Flamme. Er musste sie zeichnen.

Mit gleichmäßigen Schritten wanderte er wieder weiter.

10

Amüsiert schaute Ronán zu, wie seine Schwester geschäftig in der Küche auf- und abeilte. Etwas Bedenken kamen ihm, als sie mit der Pfanne zu hantieren begann. Aber er hätte sich keine Sorgen zu machen brauchen: Erin war inzwischen eine souveräne Köchin – jedenfalls bei ihr vertrauten Gerichten. Er bekam richtiges irisches Frühstück: Spiegeleier mit Speck und weißen Bohnen, Tee, Toast und Orangenmarmelade. Sie hatte riesige Fortschritte gemacht in den vier Wochen, seit sie bei Molly wohnte. Und sie war mit Recht entsprechend stolz auf ihre neuen Fertigkeiten.

Das gute Wetter hielt sich, und Ronán musste schon um elf zur ersten Fahrt antreten. Erin nahm er mit. Sie war auch bisher ab und zu mit ihm rausgefahren, aber sie freute sich jedes Mal wie ein Kind auf Fungie.

»Muss mich gut festhalten!«, kam sie seiner Anweisung zuvor, sobald er ihr einen Platz dicht hinter dem Steuerhaus vorgeschlagen hatte. Er wuschelte ihr durch die kurzen dunkelblonden Haare und verschwand im Innenraum.

Wie erwartet tauchte bald auch Nancy auf. Sie stellte ihm weiterhin nach; und er wusste keinen Ausweg, wie er sie auf Dauer loswerden konnte, ohne beleidigend oder verletzend zu werden.

»Guten Morgen, Käpten«, rief sie und rutschte auf den Platz neben ihm, um ihm ein Küsschen auf die Wange zu geben. »Wo warst du denn bloß gestern Abend? Ich hab dich überall gesucht!«

Vermutlich in den Pubs, dachte Ronán. Ein leichter Alkoholduft wehte zu ihm, obwohl sie sich wie immer stark parfümiert hatte. »Ich war daheim. Meine Schwester war über Nacht da«, erklärte er.

Soeben kam besagte Schwester in die Kabine. Sie hatte die fremde Frau gesehen und trat neugierig näher.

Nancy sah sie aus dem Augenwinkel, musterte sie genauer und sagte dann zu Ronán: »Du, da kommt eine Behinderte; sie sucht bestimmt die Toilette.«

Das Mädchen stutzte. »Hallo«, grüßte sie jedoch höflich und streckte der Fremden die Hand entgegen. »Ich bin nicht behindert, ich bin Erin.«

»Hach, die ist ja süß«, lachte die Journalistin. Sie wollte weiterreden, wurde aber von Ronán unterbrochen.

»Das ist meine Schwester. Erin, das ist Nancy, eine Bekannte«, stellte er vor.

»Bekannte ist gut«, schmollte Nancy und fuhr mitleidig fort: »Oje, da hast du's ja nicht einfach. Musst du sie oft am Wochenende nehmen? Sie lebt ja wohl in einer Einrichtung?«

Erin hatte die Gabe des Glücklichseins von ihrer Mutter geerbt; sie überhörte den abwertenden Ton und antwortete unbeirrt: »Nein, ich wohne bei Molly und arbeite mit ihr. In Grazeland.«

Ronán kochte. Bisher war ihm die schöne Frau aus Kalifornien nur auf die Nerven gegangen. Aber diese herzlosen Worte machten ihn wütend. Wieso redete Nancy über Erin, als war sie gar nicht da? Was sollte das Geschwafel von Einrichtungen?

Gerade bekam er das Zeichen zur Abfahrt. Schade, er hätte ihr gern gleich seine Meinung gesagt. Jetzt hatte er jedoch keine Zeit mehr, denn er musste sich konzentrieren. Erst als er das Boot zwischen den Bojen auf die Hafeneinfahrt zusteuerte, wandte er sich an Nancy – Erin saß längst wieder auf ihrem Platz draußen.

»Hör zu, Nancy«, begann er grimmig. »Meine Schwester ist keine Belastung für mich, sondern eine Freude. Und sie wird ihr Leben nicht in einer Einrichtung verbringen, sondern mit mir, sobald ich mein Cottage entsprechend erweitert habe.«

»Oh? Ob das wirklich nötig ist? Warum solltest du dich für sie aufopfern? In diesen Heimen werden die Behinderten doch wenigstens ordentlich betreut. Sie kriegen ihre Medikamente regelmäßig, und es gibt eine Menge Möglichkeiten. Beschäftigung und Freizeitangebote, verstehst du?«

Jetzt wurde es ihm wirklich zu bunt. »Beschäftigung? Erin hat eine Arbeitsstelle mit festem Gehalt. Sie gestaltet ihre Freizeit selbst. Was redest du bloß für dummes Zeug? Im Übrigen versteht sie sehr genau, was gesagt wird; sie ist schließlich nicht blöd. Ich möchte dich daher dringend bitten, in ihrer Gegenwart keine weiteren beleidigenden Bemerkungen mehr zu machen.«

Nancy war verdutzt. Dennoch versuchte sie es noch einmal. »Aber Ronán! Wie willst du denn jemals ein normales Leben führen? Du kannst doch von keiner Frau erwarten, dass sie dich heiratet, wenn sie damit gleichzeitig eine geistig Behinderte adoptiert!«

»Das erwarte ich auch nicht. Ich habe überhaupt nicht vor, zu heiraten, und ganz bestimmt niemanden mit so unsozialen gefühllosen Einstellungen wie dich. Erin ist vielleicht nicht so intelligent wie du, emotional und moralisch jedoch steht sie hoch über dir.« Aus grauen Augen blitzte er sie zornig an.

Das brachte nun auch Nancy in Rage. »Ach so. Aber zum Vögeln war ich gut genug, ja?«

Er holte tief Luft. Ein Spruch seiner Oma fiel ihm ein: *Die Wahrheit kann kurz weh tun. Die Lüge tut für alle Zeiten weh.* Er gestand: »Das war dumm und falsch von mir, ja. Es hat mir schon am nächsten Tag leidgetan, und ich hab es dir auch mitgeteilt. Wir zwei passen nicht zusammen, Nancy. Warum willst du das nicht wahrhaben?«

Diesmal verstand sie es. Ohne ein weiteres Wort stand sie auf und verschwand an die frische Luft. Erleichtert widmete sich Ronán wieder seiner Arbeit.

Tatsächlich war die Sache noch nicht ganz ausgestanden. Nancy ließ sich zwar in den Folgetagen nicht mehr auf dem Boot blicken, sie verbreitete jedoch eifrig boshafte Unwahrheiten über ihn in den Kneipen. Er sei untreu, flatterhaft, impotent, ein Frauenfeind, geizig, undankbar und so weiter. Da war es bloß gut, dass die Iren meist gelassen mit Gerüchten umgehen. Sie hören sie in der Regel bereitwillig an – sofern sie unterhaltsam sind –, denken sich ihren Teil und halten den Mund. Seine Freunde im Ort glaubten Nancy ohnehin nicht, und Feinde hatte er keine, also ließ er sie reden. Nach ein paar Tagen reiste sie beleidigt ab.

Molly verbrachte die Woche in einem wahren Arbeitstaumel. Das Café war pünktlich fertig geworden, und nun musste es so rasch und effektiv wie möglich eingerichtet werden. Am Karsamstag sollte Grazeland offiziell eröffnet werden. Maura und Brendan, die eigentlich hätten auf Hochzeitsreise sein sollten, hatten diese auf Anfang Juni verschoben. Auch dann wollten sie sich nur ein paar Tage in Paris genehmigen. Aber eine vierwöchige Tour durch Laos und Vietnam war für November geplant, wenn die Saison in Irland endgültig vorbei sein würde.

Immerhin hatte der Baumeister in dieser Woche Urlaub genommen, sodass er ebenfalls zur Verfügung stand. Zusammen mit Paudie baute er eine Holzbude, die als Verkaufsladen dienen sollte, bis der Umbau des alten Farmhauses abgeschlossen war.

Danach stellten sie die Tische und Stühle auf der Terrasse vor dem Café auf und schleppten die

Kisten mit dem Geschirr herbei. Molly, Maura und Erin sortierten, spülten ab und räumten ein.

Als Erin die Ware für den Shop sah, bat sie darum, die Sachen auf die Regale stellen zu dürfen, Colleens Töchter Brid und Orla halfen dabei. Dieses Team brauchte deutlich länger dazu als nötig, aber die zwei Frauen ließen die Mädchen lächelnd gewähren. Jedes einzelne der weichen Kuscheltiere wurde ausgiebig geknuddelt und bewundert, bevor es einen Platz in der Auslage fand. Sie hatten sich auf Arten beschränkt, die es auf Grazeland wirklich gab: Esel, Pferdchen, Border Collies und Katzen, in der Hoffnung, dass Kinder ihre Lieblinge, die sie im Gelände kennengelernt hatten, dann als Stofftierchen mit heimnehmen wollten. Dieselben Tiere gab es auch als Holzspielzeug.

Danny, der deutsche Maler, hatte Charakterbilder von den Grazeland-Schützlingen mit ihren Namen gemalt. Die gerahmten Originale sollten im Tagungsraum im Hauptgebäude aufgehängt werden, während Kopien in Originalgröße oder als Postkarten und Kalender zum Verkauf standen. Orlas Lehrerin hatte eine kurze Lebensgeschichte zu jedem einzelnen Grazeland-Tier geschrieben; diese Texte mit den entsprechenden Fotografien waren zu einer ansprechenden Broschüre zusammengefasst. Mollys Filmdokumentation der ersten Rettungsaktionen war auf DVD erhältlich, ebenso wie andere Filme über Pferde und Esel. Thematisch passende Puzzles und Bücher ergänzten das Sortiment:

Bilderbücher, Kinderbücher, Romane, Sachbücher, Tierlexika.

An dem großen Tag lieferte Molly mit ihrer getreuen Helferin die Fertiggerichte bereits ab sechs Uhr aus. Sie hatte die Kunden per E-Mail gebeten, die Container mit dem leeren Geschirr vor der Tür zu parken, wo sie im Austausch die neuen abstellte. In der Kühlbox hielt sich das gefrorene Essen lang genug kalt, bis die Leute aufstanden und sich darum kümmern konnten.

Erin fand es zwar fast etwas unheimlich, dass es anfangs noch richtig dunkel war, aber ihre Laune hellte sich synchron zum Himmel auf. Als sich schließlich die Sonne über die Hügel erhob, seufzte sie hingerissen: »Ist das schön! Fahren wir nächste Woche wieder so früh?«

Um acht Uhr waren sie zurück in Mollys Küche. Im Café arbeiteten am Eröffnungswochenende zwei Frauen, die sich um die Essensausgabe und die Kasse kümmerten, aber zubereitet wurde alles von Molly, das hatte sie sich nicht nehmen lassen. Es gab eine beschränkte Auswahl: eine Suppe, ein Tellergericht, einen Eintopf, einen Salat, zwei Sorten Kuchen. Das meiste hatte sie mit Erin in bewährter Manier schon während der Woche gekocht und portionsweise angerichtet und eingefroren; nur die Kuchen und Salate mussten noch gemacht werden. Für elf Uhr war die Eröffnung geplant.

Maura und Molly standen nebeneinander und begrüßten den Pfarrer und den Abgeordneten für Kerry, die beide ein paar Worte sprechen sollten. Draußen wartete schon eine Menschentraube. Molly erkannte viele Gesichter – klar, die Anwohner wollten endlich ganz genau sehen, wie das Gelände jetzt genutzt wurde und wie der Umbau aussah. Es waren jedoch auch viele Fremde mit Kindern gekommen, also exakt die geplante Zielgruppe. Und mit Befriedigung entdeckte Molly ein Fernsehteam mit langem Puschelmikrofon und großer Kamera.

Der Pfarrer sprach vom Paradies und von der Verantwortung für die Kreatur, die Gott den Menschen übergeben hatte. »*Macht euch die Erde untertan* heißt nicht etwa: Nutzt sie aus und zerstört sie. Nein! Ein Herrscher darf wohl die Dienste seiner Untertanen nutzen, aber er muss im Gegenzug dafür sorgen, dass sie zufrieden sind und ein ausgefülltes Leben führen.« Der Abgeordnete betonte mehr die Aspekte des Tourismus.

Dann trat Maura ans Mikrofon. Sie schilderte auf sehr persönliche Weise, wie ihr die verschiedenen Bewohner Grazelands begegnet waren: die sechs heimatlosen Esel auf der Straße, die halb verhungerten Connemara-Ponys in einer winzigen Einzäunung, der vergessene alte Esel mit seinen aufgebogenen Hufen, die zwei noch lebenden Hundewelpen in einer Kiste zwischen drei toten. Sie hielt es kurz, vermittelte jedoch eindringlich, wie notwendig ihre Einrichtung in dieser Zeit war. Sogar Molly, die die Ereignisse teilweise selbst miterlebt hatte, war gefesselt von dem Vortrag.

»Und nun: Lernt Rumpelstilzchen, Bella, Vicky und wie sie alle heißen persönlich kennen und erzählt draußen in der Welt von GRAZELAND!«, beendete Maura und schnitt die rote Schleife vor dem Tor auf.

Die Besucher strömten herein. Während Maura ein Interview gab, kümmerte sich Molly um einen möglichst reibungslosen Ablauf. Die Helfer standen an den jeweiligen Stationen bereit.

An diesem ersten Tag durften Kinder ab sechs Jahren kostenlos reiten, in Zukunft würde es zwei Euro kosten. Ziel war ja, dass der Unterhalt der Tiere von derartigen Einnahmen bestritten werden sollte. Die beinahe zehnjährige Orla und die achtjährige Brid führten die kleinen Trupps auf einer kurzen Tour durch das Weideland, wobei Brid scharf darüber wachte, wer auf dem jungen Connemara-Pony saß. Nur leichte, kleine Kinder bekamen die Erlaubnis dazu; das Pferdchen war noch nicht ganz ausgewachsen. Das Nachbarmädchen Debbie, eine tüchtige Sechzehnjährige, half mit einer Schulkameradin beim Aufsteigen und verstellte die Steigbügelriemen je nach Bedarf.

Paudie lenkte den Eselskarren. Jeweils zwei Kinder durften einsteigen. Die Stute Luna hatte inzwischen gelernt, dass ihr nichts passierte, obwohl das komische Wägelchen sie zu verfolgen schien. Gutmütig trottete sie ihre Runde. Sie war trächtig, und ihr Bauch rundete sich merklich, aber das leichte Gefährt konnte sie noch mühelos ziehen.

Für ganze Familien gab es den Pferdewagen. Er wurde von seinem ehemaligen Besitzer Tim Brosnan geführt, der extra für den großen Tag aus Killarney angereist war. Seine zwei Braunen, die über zehn Jahre lang mit ihm gearbeitet hatten, benahmen sich rührend in ihrer Wiedersehensfreude. Sie schnaubten, rieben die Köpfe an ihm und knabberten an seinen Knöpfen. Der alte Mann hatte Tränen in den Augen; es tat ihm gut, dass sie sich erinnerten. Während sie stolz das Fahrzeug rund um Grazeland zogen, erzählte Tim jedem Fahrgast die Geschichte, wie Maura seine Pferde und die Kutsche von ihm übernommen hatte, als er sich aus Gesundheitsgründen zur Ruhe setzen musste.

Brendan behielt die Leute im Auge, die den Stall besichtigten, und beantwortete ihre Fragen. Maura stand in der Hauskoppel, hier hielten sich alle Tiere auf, die noch nicht oder nicht mehr arbeiten konnten. Wie zu erwarten, gewann der junge Esel Rumpelstilzchen alle Kinderherzen durch seinen lieben Blick und sein temperamentvolles Wesen. Auch das hübsche goldbraune Hengstfohlen bezauberte sie.

»Und der war einfach eines Tages da?«, fragte ein kleiner Rotschopf ungläubig. Und als Maura es bestätigte, meinte er wehmütig: »Schade, dass er nicht zu mir gekommen ist!« Damit sprach er bestimmt vielen Kindern aus der Seele.

Danny fotografierte. Als Maler hatte er einen scharfen Blick für Bildaufbau und Motiv. Die Fotos wurden auf einem speziellen Bildschirm als Diashow gezeigt. Wer eines haben wollte, zahlte zwei Euro und hinterließ die E-Mail-Adresse, zu der das Bild geschickt werden sollte. Auf diese Art kamen immerhin an diesem Tag über hundert Euro zusammen, obwohl natürlich die meisten Leute selbst fotografierten und filmten. Sogar Colleen, Dannys Frau, musste an diesem Tag helfen. Sie hütete den Shop. Es war recht eng in der improvisierten Holzbude, denn der Kinderwagen mit dem kleinen Sean stand in der Ecke.

Erin steckte natürlich im Café, wo auch Molly nach einer Weile dazustieß. Hier herrschte reger Betrieb, und die zwei Angestellten konnten unmöglich alles schaffen. Während Ronáns Schwester das Geschirr von den Tischen zurückschleppte und die Spülmaschine bestückte, half Molly beim Servieren. Erst am späten Nachmittag ließ der Andrang nach, sodass sie die drei anderen Frauen auf eine Pause mit Kuchen und Tee in die kleine Essecke hinter dem riesigen Gefrierschrank schicken konnte. Sie selbst lehnte sich erschöpft an die Theke. Da gerade keine Gäste Betreuung brauchten, genehmigte sie sich einen Augenblick totale Entspannung. Ihr Blick schweifte in die Weite, ohne dass sie etwas wahrnahm.

Ronán lächelte über ihren leeren Ausdruck. Nur langsam kehrte Mollys Aufmerksamkeit zurück, während er an den Tresen trat.

»Könnte ich ein Stück Apfelkuchen haben, bitte?«

Beim Klang seiner Stimme fuhr Molly zusammen. Nun war sie wieder hellwach. Sie hatte Ronán seit einer Woche nicht gesehen, weil so viel los gewesen war, aber sie hatte nicht vergessen, dass sie auf die Amerikanerin keine Rücksicht mehr zu nehmen brauchte. Und wie gut er aussah! Unter seiner Wollmütze quollen die langen Locken hervor, vom Wind zerzaust. Die grauen Augen blitzten unternehmungslustig. Atemlos grüßte sie ihn: »Oh, Ronán, schön, dass du gekommen bist. – Mit Sahne oder Eis?«

Er entschied sich für Eis und beobachtete ihre flinken Hände. Eine zarte Röte war ihr in die Wangen gestiegen, und als sie ihm den Teller zuschob, blinzelte sie nervös. Er hielt ihre Hand fest und sah ihr in die Augen. »Du siehst völlig erledigt aus, Molly. Setz dich einen Moment zu mir und mach Pause. Es ist ja im Augenblick niemand da.«

Er hatte recht. Sie nahm seine Bezahlung entgegen und leistete ihm auf eine Tasse Tee Gesellschaft. Gelegenheit zu einem privaten Gespräch gab es allerdings nicht, weil nun Erin wieder nach vorn kam. Sie setzte sich zu den beiden und erzählte ihrem Bruder lebhaft von dem aufregenden Tag. Er hörte aufmerksam zu, konnte jedoch die Augen nicht von der hübschen Molly wenden.

Sie merkte das natürlich und errötete noch einmal, was ihr äußerst peinlich war. »Ich muss mich um die Abrechnung kümmern. Vielleicht kehrt ja langsam Ruhe ein«, sagte sie und stand auf. »Erin, du kannst jetzt wirklich aufhören.

Führ doch Ronán überall herum, was hältst du davon?«

Dieser Vorschlag wurde angenommen. Sie hatte sich jedoch geirrt, was das Café anging: Mehrere Familien mit Kindern wollten noch essen, bevor sie in ihre Ferienhäuser und Pensionen zurückkehrten. Molly war ehrlich erleichtert, als um sechs Uhr endlich geschlossen wurde. Bis alles gespült und aufgeräumt, gezählt und abgerechnet war, dauerte es noch mal fast eine Stunde. Wie schade, Ronán war sicher schon weg.

Der Käpten hatte mit Interesse die Anlage besichtigt und sich die Esel und Pferde vorstellen lassen. Seine Schwester war ganz in ihrem Element. Er konnte sich nicht genug wundern über ihr verändertes Wesen. Als die Mutter vor fast einem Jahr plötzlich ins Krankenhaus gebracht worden war, hatte sich Erin zurückgezogen und war viel stiller geworden. Mit den Camphill-Leuten hatte sie sich zwar rasch zurechtgefunden, doch Fremden gegenüber verhielt sie sich schüchtern. Hier aber fühlte sie sich offensichtlich uneingeschränkt wohl. Sie kannte und liebte jedes Lebewesen auf Grazeland, von den kleinen Katzen bis zum Riesenross, von der geretteten Rennstute bis zu den jungen Hunden. Mehr noch: Erin wurde ebenfalls von allen geschätzt. Nicht nur von den Tieren; Maura, Brendan und Paudie zeigten offen, wie gern sie die junge Frau mochten, und wie sehr sie sich auf sie verließen. Sie half dem Hausmeister, den Eselskarren aufzuräumen, füllte auf Mauras Bitte selbstständig

Heu in die Raufen, und als der Baumeister sie gebeten hatte, die Tiere von der Hausweide in den Stall zu bringen, erledigte sie den Auftrag geschickt. Während Ronán sie beobachtete, wurde ihm klar, welches Glück sie hatte, diesen Arbeitsplatz gefunden zu haben. Vielleicht war es tatsächlich besser für sie, hierzubleiben, anstatt zu ihm zu ziehen. Bisher hatte er diese Möglichkeit nicht ganz ernst genommen …

»He! Du kommst doch mit rauf? Wir wollen ein bisschen feiern.« Brendan kam mit langen Schritten vom Haupttor her, beide Arme voll mit Geldkassetten.

Ronán wollte höflich ablehnen, hatte aber wenig Erfolg damit, denn der Architekt drückte ihm kurzerhand seine Last in die Hände.

»Muss noch das Geld aus dem Café holen. Geh einfach schon mal voraus. In Mollys Küche treffen wir uns!«

Ronán blieb verwirrt zurück. Er hatte ja keine Ahnung, wo die Wohnungen waren. Na, hier gab es eine überdachte Außentreppe; das konnte nicht falsch sein. Ehe er ganz oben war, kam ihm bereits Maura mit einem Stapel Papiere nach.

»Hier lang, ich will bloß rasch das Geld in den Safe stellen.« Sie öffnete eine Tür, die in ein geräumiges Büro führte. Ihre Plakate und Flugblätter warf sie einfach auf den Tisch. Sie sperrte den Wandtresor auf und stellte die Geldkassetten hinein.

Neugierig sah er sich um. Ein Schreibtisch war wohlgeordnet, er sah einen Laptop, zwei oder drei Briefe, einen Notizblock, den Behälter mit Stiften, sonst nichts. Ein Drucker stand dahinter, auf einem Extratisch. Der andere Tisch war mit Büchern, Zetteln, Stiften und Markern beladen, eine Tafel an der Wand quoll über vor bunten Memos.

Maura lachte, als sie seinen vergleichenden Blick sah. »Mollys Arbeitsplatz«, erklärte sie, auf den übersichtlichen Tisch zeigend. »Der andere gehört mir. Ich brauch ein kreatives Chaos.«

Ronáns Mundwinkel zuckten. Er gab zurück: »Mit Papieren hab ich kaum zu tun. Aber meine Werkzeuge liegen auch immer irgendwo. Ich weiß ja, wo ich sie zuletzt benutzt habe, also find ich sie sofort wieder.«

»Eben«, meinte Maura und führte ihn in Mollys Wohnung.

Nach einem winzigen Flur, wo Schuhe aufgereiht standen und Mäntel und Regenjacken hingen, kam man gleich in die Küche, einen hellen großzügigen Raum. Das Licht kam teils von oben, teils durch die Seitenfenster. Fasziniert trat der Käpten an den weißen Spültisch. Von hier aus hatte man einen großartigen Ausblick hinunter zur Küste und hinaus aufs Meer mit den Inseln. Er konnte sich Molly gut vorstellen, wie sie hier stand, die Hände im heißen Seifenwasser, die Augen auf Wolken und Wellen gerichtet.

Während Maura eifrig Gläser und Flaschen auf den Tisch stellte, sah er sich um. Auch in diesem Raum herrschte Ordnung, aber es war eine belebte. Auf der Abtropffläche stapelten sich

Töpfe und Pfannen, die Tür der Spülmaschine stand offen, ein paar Teller und Schüsseln waren noch nicht weggeräumt. Fast ehrfürchtig bestaunte er den professionellen Edelstahlgefrierschrank und den fabelhaften massiven Herd. »Alle Achtung! Das ist doch ein Stanley«, murmelte er.

Maura drehte sich um. »Genau«, bestätigte sie. »Der ist gleichzeitig die Zentralheizung für die Wohnung. Läuft mit Öl, alles Hightech natürlich. Auf meiner Seite drüben erledigt das ein normaler Ölbrenner.« Sie grinste. »Für so einen bombastischen Herd hätt ich wenig Verwendung.«

Nun polterten Brendan und Paudie herein, gefolgt von Erin. Alle hatten die Arme voll mit weiteren Kassen, Tragetüten, Henkelkörben und sonstigem Kram.

Maura scheuchte sie ins Büro; dort konnte das Durcheinander sich über Nacht selbst sortieren. Für den Augenblick wollte sie nichts mehr davon sehen.

Ronán stand gebückt vor dem Backofen, wo er die exakte Temperaturanzeige studierte. Herde faszinierten ihn, auch wenn er nicht kochen konnte. In der Küche seiner Oma hatte es bis vor sechs Jahren ebenfalls einen Stanley gegeben, allerdings wesentlich schlichter als dieses Modell. Daneben hatte immer eine große Kiste mit Brennholz oder Torfstücken gestanden. Er erinnerte sich gut daran, wie stolz es ihn gemacht hatte, als er endlich selbst nachschüren durfte.

Damals war er zwölf gewesen, ein lang aufgeschossener, schlaksiger Junge …

»Oh da bist du ja – super! Ich dachte schon, du bist heimgefahren. – Gefällt dir mein Herd?«

Er fuhr herum. Molly war leise eingetreten. Sie holte Butter und Käse aus dem Kühlschrank, stellte einen Stapel Teller auf den Tisch, öffnete das Backrohr und zog einen duftenden Laib Brot heraus. »Hab ich heut früh noch schnell vorbereitet. Dem Timer sei Dank. Alles vollautomatisch. Mmh, noch warm!«

Sie legte das Brot mit einem scharfen Messer zusammen auf ein Brett, trug es zum Tisch und schnitt heißhungrig eine Scheibe ab. »Komm, setz dich, die anderen werden gleich auftauchen.«

Es wurde eine fröhliche Siegesfeier. Alle waren aufgekratzt und gleichzeitig erschöpft. Sie redeten durcheinander, tranken Sekt oder Bier und futterten gierig alles auf, was es gab. Im Trubel des Tages hatte niemand wirklich Zeit zum Essen gefunden.

Erin bekam ein Glas Sekt, worauf sie zuerst lustig und dann müde wurde. Sie verabschiedete sich um neun und verschwand in ihrem Zimmer.

Paudie machte sich gleich danach auf den Heimweg; bis das Farmhaus fertig renoviert war, wohnte er weiterhin bei Colleen, deren Gärtnerei ein Stück weiter oben am Berghang lag.

Bald darauf standen auch die anderen auf. Brendan reckte sich. »Na, dann wollen wir mal. Bist du mit dem Auto da, Ronán?«

»Nein, mit dem Rad«, antwortete dieser. »Ich hab gar kein Auto. Mein Nachbar leiht mir seines manchmal.«

Molly riss ungläubig die Augen auf. »Was, und da willst du jetzt noch zurückradeln?«

Er lachte. »Freilich. Es ist ja gar nicht spät. Und ich hab nicht den ganzen Tag gearbeitet, so wie ihr alle.«

»Aber du musst mindestens vier Kilometer steil bergauf fahren«, erinnerte ihn Maura. »Du kannst doch ohne Weiteres bei uns auf dem Sofa übernachten.«

»Ja, oder bei mir.« Molly zeigte ins Nebenzimmer. Auf halber Höhe gab es da eine Art Kammer unter dem Dach. »Das ist die Fernsehhöhle, und die Couch ist sehr bequem.« Sie grinste. »Bin schon mehrmals drauf eingeschlafen … Decken und Kissen gibt's genug.«

Das klang verlockend. Aber Ronán blieb bei seinem Entschluss. Erstens wollte er die Erschöpften jetzt lieber in Frieden schlafen lassen, sodass sie sich nicht auch noch um sein Wohlergehen kümmern mussten, und zweitens war er sicher, dass er in Mollys Nähe kein Auge zutun würde. Er sagte: »Vielen Dank für die Angebote. Ich fahr trotzdem lieber heim. Und selbst wenn ich auf dieser Seite ein Stück schieben muss: Drüben geht es dafür sechs Kilometer lang immerzu abwärts …«

Molly ließ es sich nicht nehmen, ihn bis ans Tor zu begleiten. Insgeheim war sie erleichtert, dass er nicht hierblieb. Wer wusste schon, ob sie überhaupt ein Auge zutun würde, in dem Wissen, dass er keine fünf Meter entfernt von ihrem Bett schlief? Heute aber brauchte sie ihren Schlaf, jede Minute davon.

Die Tiere hatten das Heu aufgefressen und waren danach wieder auf die Weiden gekommen. Durch leichte Wolken leuchtete der Mond, das Gelände lag friedlich in dem vagen Schimmer. Die Esel und Pferde grasten ganz in der Nähe, rupften das kurze saftige Gras und hoben ab und zu die Köpfe.

»Schön habt ihr's hier«, stellte Ronán fest. »Jetzt versteh ich erst, warum es Erin so gut bei dir gefällt.« Er wandte sich Molly zu. »Am liebsten würde ich auch herkommen«, murmelte er fast unhörbar.

Molly hatte es verstanden. Das Herz schlug ihr plötzlich bis zum Hals. Sie blickte hoch. Ronáns Augen wirkten in dieser Beleuchtung dunkel; sie konnte nichts darin lesen. »Als Küchenjunge?«, fragte sie atemlos.

»Nein. Anders.« Er legte die Hände auf ihre Schultern und zog Molly näher zu sich. »Ich hab dich sehr gern, weißt du das?«

Sie spürte seine warmen Lippen auf den ihren. Ein sehr sanfter Kuss. Leise lachte Molly in sich hinein. »Ich mag dich doch auch.« Und sie verlieh ihren Worten Ausdruck, mit einem etwas weniger sanften Kuss.

Hätte sie ihre Einladung zum Dableiben wiederholen sollen? Sie sah ihm nach, als er davonradelte. Aber er hatte es vorhin so entschieden abgelehnt. Nun, es würde schließlich noch häufiger Gelegenheiten wie diese geben. Sie hatte recht gehabt: Sein Bart war ganz weich … Verträumt ging sie in ihre Wohnung. Zum Schlafen war sie zu aufgewühlt, obwohl sie wirklich hundemüde war; sie räumte erst noch die Küche picobello auf, bevor sie ins Bett fiel.

Grün ist die Hoffnung, dachte sie. Grün war ja auch all das Weideland um sie herum. Grün waren die Hügel. Hatte sie Anlass zum Hoffen? Sie lächelte still in sich hinein. Das Gute an der Hoffnung war ja gerade, dass sie keinen Anlass brauchte.

11

Am nächsten Tag gab es ein spätes Frühstück um neun; schließlich war Sonntag. Molly sah zwar müde aus, doch ihre Augen strahlten.

Maura musterte sie aufmerksam. Wenn sie die Freundin nicht so gut kennen würde, hätte sie eine heiße Nacht vermutet. Das aber war nicht ihr Stil, wie sie wohl wusste. Es stand allerdings eindeutig fest, dass Molly verliebt war; und der nette Käpten zeigte ganz offenkundig ebenfalls Interesse. Sie umarmte sie besonders herzlich. »Frohe Ostern, Molly! Auf ein glückliches Frühjahr!«

Brendans Diagnose – eine heiße Nacht – war falsch, was eben daran lag, dass er die Finanzberaterin erst im letzten Sommer getroffen und nicht jahrelang mit ihr die Schulbank gedrückt hatte. Er sagte jedoch nichts weiter, sondern zwinkerte Molly nur vergnügt zu.

Während Maura hinterher die Küche in Ordnung brachte – das war seit jeher ihre Aufgabe bei den gemeinsamen Mahlzeiten – erklärte sie: »Molly, ich hab nachgedacht. So kann das nicht weitergehen. Du hast eindeutig zu viel im Genick. Nicht nur versorgst du uns getreulich mit Frühstück und Abendessen, erledigst die gesamte Buchhaltung und hilfst mit den Tieren. Nein, zusätzlich kochst du jeden Tag fast fünfzehn

Portionen zum Einfrieren und Verteilen. Gestern hast du außerdem noch das ganze Futter fürs Café geplant, zubereitet und hinübergeschleppt. Dazu kommt die Logistik: Die Zutaten müssen eingekauft, Mengen berechnet, Pläne erstellt werden. Das ist zu viel.« Sie warf einen prüfenden Blick auf die Freundin, etwas überrascht, dass bisher kein Protest ertönt war. Molly wiegte jedoch nur nachdenklich den Kopf.

Die Tierärztin fuhr fort: »Deshalb will ich dir das Café abnehmen. Von mir aus darfst du die Speisepläne festlegen, aber ich möchte eine Köchin einstellen.«

Mollys Einwand kam überraschend zurückhaltend. »Schau, so lebhaft wie gestern ist der Betrieb bestimmt nur an ein paar Tagen im Jahr. Unter der Woche kommen während der Saison meinetwegen drei oder vier Familien. Da ist der Aufwand nicht so gewaltig.«

»Umso besser. So brauchen wir niemanden zusätzlich. Die zwei Frauen, die wir fürs Wochenende haben, sind ohnehin nur Aushilfen und haben an den Schultagen keine Zeit. Eine von ihnen soll jeden Samstag arbeiten, die andere sonntags. Und an den Werktagen serviere notfalls halt ich.«

»Maura, wenn Kinder kommen, wollen die reiten. Und wenn die reiten wollen, brauchen sie dich. Da kannst du nicht Suppe verteilen.«

»Also gut, dann ruft die Köchin eben dich zu Hilfe. Auf diese Art wirst du wenigstens nur manchmal herangezogen und nicht die ganze Zeit. Im Übrigen musst du daran denken, dass wir ab sofort eine ausführlichere Buchhaltung haben. Die täglichen Einnahmen müssen verbucht werden, die Kosten davon abgezogen – oder ist es umgekehrt?« Maura hatte wenig Geduld für dieses Spiel mit Zahlen und Werten. Sie setzte sich wieder an den Tisch.

Ihre Freundin hatte recht, dachte Molly. Gestern war sie tatsächlich an ihre Grenzen gelangt. Dass sich ihr Sechstagedinner-Unternehmen so gut entwickeln würde, hatte sie nicht vorhersehen können. Zurzeit versorgte sie vierzehn Kunden, und sie musste sich eingestehen, dass sie mehr gar nicht schaffte. Ohne Erin wäre es vollkommen unmöglich gewesen. Das Mädchen war wirklich ein rarer Glücksfall. Miteinander bewältigten sie die Arbeit in drei Stunden an den Wochentagen und zwei Stunden Auslieferung am Samstag. Natürlich hatte Molly alles genau berechnet, nicht umsonst hatte sie Betriebswirtschaft studiert. Bisher fraßen die Investitionen ihre Einnahmen auf, aber ab Mai würde nach Abzug der Selbstkosten und Erins Gehalt pro Monat ein guter Tausender für sie herausspringen. Dann hatte sie endlich selbst Geld zum »Spielen« – so nannte sie Aktienan- und -verkauf.

»Also schön«, willigte sie ein. »Vielleicht ist das tatsächlich vernünftiger. Bloß wie sollen wir jetzt eine Köchin finden?«

Hier mischte sich Brendan ein. »Da weiß ich Rat, glaube ich.«

Überrascht schauten ihn die Frauen an. Er grinste. »Nicht ich, keine Sorge. Und es ist ein

Koch, keine Köchin. Ihr kennt doch beide meinen Freund Brian Long?«

Sie nickten. Klar, das war Brendans Kumpel aus Jugendtagen. Nach seiner Rückkehr aus Amerika hatte er wieder Kontakt mit ihm aufgenommen, und die beiden verstanden sich so gut wie früher. Leider lebte Brian nicht mehr in der Gegend; er war schon vor Jahren nach Westport im County Mayo gezogen. Nur alle paar Monate kam er zu Besuch, in erster Linie, um in den vielen Pubs in Dingle und hier im Westen zu spielen. Brian zählte zu den besten Dudelsackspielern Irlands.

»Also, seine Freundin hat ihn unter dramatischen Umständen im Stich gelassen …«

Ungeduldig unterbrach ihn Maura: »Bren! Wir haben von einer Köchin geredet, nicht von Liebesgeschichten!«

Der Baumeister blitzte seine Frau an und fuhr unbeirrt fort: »… im Stich gelassen, und jetzt ist ihm die ganze Gegend dort verleidet. Er will heimkommen, entweder hierher oder nach Dingle, wo er jederzeit drei feste Auftritte pro Woche kriegt. Zusätzlich braucht er aber noch eine Beschäftigung für untertags, damit das Geld zum Leben reicht. – Nur ruhig, Maura, gleich kommt's! Er hat all die Jahre in Westport nebenher als Koch gearbeitet.«

Grinsend lehnte er sich zurück.

»Ah«, Maura atmete auf. »Ein Glück, dass du tatsächlich zur Sache gekommen bist! Wann kann man den Herrn denn sprechen?«

»Sofort, wenn du willst. Er ist übers Osterwochenende da, wohnt bei seinem Bruder Noel, dem Zimmermann.«

»Ich weiß, wer Noel ist«, fuhr ihn die Tierärztin an.

Er schmunzelte in sich hinein. Das war einer der Gründe, weshalb er sich in Maura verliebt hatte: Sie ließ sich so wunderbar auf die Palme bringen. »Na, dann ruf ich ihn mal an«, schlug er sanft vor.

Brian kam prompt vorbei. Da auch heute um elf geöffnet wurde, konnte er das Café gleich in einer betriebsamen Zeit erleben.

Molly erklärte ihm ihr Konzept. »Es soll rein vegetarisches Essen geben. Schließlich ist das hier eine Freistatt für Tiere, da kann man kein Fleisch servieren, finde ich.«

Der Musiker nickte. »Kein Problem. In dem Restaurant, in dem ich bisher gekocht habe, hat es ein breites Angebot an fleischlosen Gerichten gegeben. Ich bringe also Erfahrung mit. Wenn du bestimmte Vorstellungen hast, musst du mir halt ein paar Tipps geben. Ich lerne schnell.«

Molly fand ihn überzeugend genug. Auch Maura schien zufrieden. Er hatte nichts gegen die anvisierte Arbeitszeit von elf bis sechs, zeigte sich bescheiden bezüglich des Gehalts, und es war ihm klar, dass es sich nur um einen saisonalen Job handelte. Sie stellte ihn ohne viel Federlesens ein. »Wann kannst du anfangen?«, erkundigte sie sich.

»Von mir aus sofort.« In den grünen Augen stand Tatendrang. »Ich hab meine Zelte im Norden komplett abgebrochen.«

Verblüfft meinte Maura: »Ja, und deine Sachen? Außerdem musst du doch erst eine Bleibe suchen?«

»Ich hab mein Zeug dabei. Hab meinen Wohnwagen ans Auto gehängt und hergeschleppt. Der ist zwar uralt, aber er tut's noch eine Weile. Ich hab früher schon mal ein paar Jahre lang darin gehaust, bevor ich zu … na, bevor ich zu meiner Ex-Freundin gezogen bin. Ich hab das Ding bei Noel im Hinterhof neben dem Holzlager stehen, da stör ich niemanden. Und Sanitäranlagen hat er in seiner Werkstatt eingebaut; die kann ich benutzen.«

So verstärkte Brian bereits am Ostersonntag das Team. Die beiden Frauen, die im Café arbeiteten, zeigten sich dankbar für die Unterstützung, obwohl ja noch genug gefrorene Gerichte in der Kühlung lagen. Er richtete an, während sie sich um Service und Kasse kümmerten.

Und Molly hatte frei. Es war ein sehr ungewohntes Gefühl. Eine Weile schlenderte sie über das Gelände, schaute beim Reiten zu, lachte über die Kapriolen des Eselchens, beobachtete die Kutsche. Auch heute gab es viele Besucher. Da die Schulkinder Ferien hatten, kamen Familien aus der Umgebung ebenso wie die Fremden, die in Irland Osterurlaub machten.

Um drei rief Maura ihr kopfschüttelnd zu: »Jetzt treibst du dich immer noch hier herum;

das ist doch verrückt. Genieß die Freiheit und hau ab.« Und mit einem Zwinkern fügte sie hinzu: »Ein guter Tag für eine Bootsfahrt heut, was? Keine Sorge, wir geben auf Erin acht. Lass dir ruhig Zeit.«

Molly lief rot an, aber sie kletterte tatsächlich in ihr kleines Auto und fuhr nach Dingle.

Das Wetter war wirklich noch besser als gestern. Der böige Wind hatte sich beruhigt und einer stetigen Brise aus West Platz gemacht, die geschlossene Wolkendecke riss auf, und die Sonne gab lange Gastspiele. Eigentlich wäre ein ausgiebiger Strandspaziergang angesagt gewesen, dachte sie mit einem schiefen Grinsen. Die Idee mit dem Bootstrip klang jedoch auch verlockend. Man müsste halt einen Kapitän kennen … Gut, dass die feuerfarbene Mütze immer im Handschuhfach lag.

Ronán liebte seine Arbeit. Heute war er allerdings ungeduldig. Noch mal eine Tour! Das nahm ja überhaupt kein Ende an diesem Ostersonntag! Dabei wollte er doch so gern nach Ballyferriter hinüberradeln. Die Pferdchen und Eselchen hatten es ihm angetan. Und vielleicht gab es auch noch andere Anziehungspunkte …

Seine grimmige Miene hellte sich jedoch sofort auf, als er Molly vom Parkplatz aus herüberkommen sah. Er winkte ihr lebhaft zu, steckte den Kopf aus dem Fensterchen neben dem Steuerrad und rief: »Schnell, steig ein! Für dich ist grad noch Platz!« Der Frau aus dem Buchungsbüro mit der Liste gab er ein Zeichen, dass der verspätete Fahrgast zu ihm gehörte. Zufrieden beobachtete er, wie Molly an Bord sprang, bevor er ablegte.

Sie wurde von Ginny ins Steuerhaus gewunken. Scheu kam sie nach vorn und setzte sich neben ihn. »Stör ich dich nicht, wenn ich hier bin?«, erkundigte sie sich.

»Doch, du bringst mich völlig draus«, antwortete er mit unbewegter Miene.

Sie wollte sofort aufstehen und nach draußen verschwinden. Ronán griff rasch nach ihrer Hand. »Aber du musst trotzdem bleiben«, lachte er. Erst jetzt schien sie zu merken, dass er gescherzt hatte, und entspannte sich. »Haben dich deine Sklaventreiber heute laufen lassen?«, fragte er.

Sie kicherte in sich hinein. »Wenn du damit Maura meinst, tust du ihr Unrecht. Ich bin sozusagen mein eigener Sklaventreiber. Aber es stimmt, sie haben mich weggeschickt, um mich an Selbstzerstörung zu hindern. In Zukunft darf ich nicht mal mehr fürs Café kochen.«

Er warf ihr einen prüfenden Blick zu. Sie bemühte sich zwar, ein beleidigtes Gesicht zu machen, es gelang ihr jedoch nicht ganz. »Na, ich denk auch, dass du schon ohne das Café genug zu tun hast«, bemerkte er trocken.

Sie grinste. »Jedenfalls bin ich froh, einen freien Nachmittag zu haben.«

Sofort regte sich in Ronán wieder das schlechte Gewissen. Seit seine Schwester dort draußen wohnte, war Molly ja wirklich permanent angehängt. Es war unzumutbar. Aber als er das Thema anschnitt, reagierte sie energisch.

»Mensch, ich kann es nicht mehr hören! Erin belastet mich kein bisschen. Im Gegenteil: Sie entlastet mich. Bei der Arbeit ist sie eine unschätzbare Hilfe, und in ihrer Freizeit muss ich mich gar nicht um sie kümmern. Sie spielt mit den Tieren, hilft beim Ausmisten, Striegeln und Füttern, führt die Esel am Halfterstrick spazieren, was für alle Beteiligten gut ist, wirft geduldig Tennisbälle für die Hunde und genießt das Leben. Wie ein ... wie ein ... wie ein frei laufendes Huhn!«

Seine Schwester als Freilandhuhn? Das Bild fand er lustig. Er wurde jedoch gleich wieder ernst. »Aber am Abend, morgens, bei jeder Mahlzeit – du hast sie immer um dich.«

Molly schnaubte ungeduldig. »Du verstehst nicht ... Ich brauche Menschen um mich rum. Bin so aufgewachsen. Wir waren zu siebt daheim, Mutti und wir sechs Kinder. Meinem Daddy ist das Getümmel zu arg geworden, als ich gerade mal zwei war und Tommy noch nicht mal geboren, an ihn kann ich mich also nicht erinnern. Aber es war herrlich, so viele Geschwister zu haben. Zum Spielen, zum Trösten, zum Streiten, zum Geheimnisse-Austauschen ... Ich hab's geliebt. Eng hatten wir es auch, ich hab mir mit den zwei Schwestern ein kleines Zimmer geteilt. Und dann sind wir alle groß geworden, und einer nach dem anderen ist ausgezogen.« Sie schüttelte den Kopf. »Allein zu wohnen, habe ich immer schon schrecklich gefunden. Am schlimmsten waren meine Jahre in der Bank. Ich hatte eine eigene Bude in einem Haus mit lauter gleichen Appartements. Man hat sich kaum getroffen und höchstens im Treppenhaus gegrüßt. So könnte ich auf Dauer nicht leben, das sag ich dir! Letztes Jahr dann mit Maura ... Wir haben zuerst in dem alten Farmhaus gewohnt, das war nett. Aber in meiner neuen großartigen Wohnung mit all dem Platz um mich herum? Da fühl ich mich erst wohl, seit Erin da ist.«

Sie lächelte Ronán an. »Du kannst es mir ruhig glauben. Am liebsten hätt ich noch zwei Mitbewohner oder auch drei.«

Es klang ehrlich und überzeugend. Er ließ trotzdem noch nicht locker. »Schon, das mag ja alles sein. Aber Erin hat schließlich das Down-Syndrom. Das heißt, sie braucht ständige Betreuung. Oder etwa nicht?«

»Ich muss sie nicht Tag und Nacht bewachen, falls du das meinst. Sie ist ziemlich selbstständig. Anfangs hat es ein bisschen gedauert, bis ihr die Abläufe in dem neuen Umfeld klar waren. Sobald sie weiß, wie und wann sie etwas tun soll, kommt sie wunderbar damit zurecht. Wenn sie unsicher ist, kann man sich darauf verlassen, dass sie nachfragt.« Molly zuckte die Schultern. »Das Zusammenleben mit ihr ist insgesamt sogar einfacher als mit einem aufsässigen anderen Teenager. Ich mag Erin schrecklich gern, und sie mich genauso, glaube ich.«

Ronán warf ihr einen schrägen Blick zu und lächelte. »Es wär ja auch schwierig, dich nicht lieb zu haben, Molly.«

Ihr wurde ganz heiß. Dankbar nahm sie zur Kenntnis, dass nun die Arbeit den Kapitän forderte. Fungie war nach der vorherigen Tour wieder aufs offene Meer hinausgeschwommen und musste erneut gesucht werden. Dazu war äußerste Konzentration nötig.

Molly ging hinaus ins Freie und starrte fasziniert auf die Szenerie: schroffe Felsen, dunkle Spalten und Höhlen dazwischen, auf der anderen Seite die grauen, türkisblauen Wellen und die grünen Hügel. Sie konnte nicht genug davon kriegen. Dennoch wandte sie ihre Aufmerksamkeit sofort dem Delfin zu, als er nun auftauchte und der *Mermaid* willig in den Hafensee zurückfolgte. Bald gesellte sich ein winziges Kajütboot dazu. Den Mann dort an Deck kannte Fungie offensichtlich: Der Delfin schwamm ganz dicht neben dem Rand des anderen Bootes und ließ sich sogar streicheln. Immer wieder buckelte er, um Liebkosungen einzufordern.

»Ronán, siehst du das? Der Mann dort spielt richtig mit Fungie!« Molly kam aufgeregt zurück ins Steuerhaus.

Der Kapitän lächelte. »Ja, das ist Paddy McCarthy. Die zwei sind gute alte Freunde. Paddy kennt Fungie seit über zwanzig Jahren. Manchmal geht er sogar ins Wasser und schwimmt mit ihm.«

Neidisch sah Molly zu. »Ich möcht ihn auch mal streicheln! Diese schöne glänzende, glatte Haut!«

»Wir könnten mal mit dem Motorboot rausfahren. Vielleicht lässt er sich anfassen, vielleicht nicht. Das kann ich dir nicht versprechen. Aber das Erlebnis, so dicht dran zu sein, ist in jedem Fall was ganz Besonderes. Begegnung auf Augenhöhe sozusagen.«

»Oh, wirklich? Du hast ein Motorboot? Das ist ja großartig«

Ronán lachte. »Mach dir bloß keine überzogenen Vorstellungen. Es ist aus Gummi und gerade groß genug für vier Personen. Aber es ist stabil und hat einen Zehn-PS-Motor.« Als er ihren verständnislosen Blick sah, erklärte er stolz: »Das heißt, dass es ganz schön flitzt. Ich darf den *Mermaid*-Liegeplatz mitbenutzen dafür, so spar ich mir die Nebenkosten.«

Er musste sich wieder auf seine Manöver konzentrieren, weil Fungie auf die Idee verfallen war, mit den Booten Fangen zu spielen. Molly verfolgte von der Reling aus, wie das große graue Tier davonschoss, dann verschwand und plötzlich an einer völlig unvermuteten Stelle hoch aus dem Wasser sprang. Sie jubelte mit den anderen Fahrgästen, als er zurück in die Wellen klatschte und gleich noch einmal einen Purzelbaum schlug.

Später saßen sie im *Marina Inn* an der Theke, hörten den Musikern zu, die hier sonntags schon ab halb sechs spielten, und beobachteten die

Gäste. Für eine ruhige Unterhaltung war es zu laut. Einheimische und Touristen genossen ihren Ausgang am Ostersonntag.

Molly hing ihren Gedanken nach. Sie wollte dringend mit Ronán allein sein, wusste jedoch nicht, wie sie das in die Wege leiten sollte. Sie konnte schließlich nicht gut sagen: »Los, lass uns zu dir gehen, damit wir in Ruhe miteinander schmusen können.« Sie lächelte bei der Vorstellung. Es war die reine Wahrheit, obwohl es nicht gerade gesellschaftlich akzeptabel war, so direkt zu jemandem zu sein.

Es war lange her, seit sie sich zuletzt derartige Wünsche erlaubt hatte. Nach ein paar eher unbefriedigenden Sexualabenteuern, die sie selbst mit Liebesgeschichten verwechselt hatte, war sie mit neunzehn zu der Erkenntnis gelangt, dass ihr das nicht genügte. Danach hatte sie sich angewöhnt, jede leise körperliche Regung ihrerseits streng zu hinterfragen: Liebe oder Lust? Meist hatte sich nach kurzer Wartezeit herausgestellt, wie wenig tiefere Gefühle involviert gewesen waren.

Ronán allerdings löste in ihr von Anfang an starke Reaktionen aus. Er brauchte sie bloß anzuschauen mit seinen Meeraugen, und schon begann es in ihrem Bauch zu kribbeln. Das ging jetzt bereits seit über drei Monaten so. Langsam fragte sie sich, ob nicht in diesem Fall mehr dahintersteckte. Er zog sie ja nicht nur körperlich an, sondern sie fand ihn auch in anderer Hinsicht anziehend: Seine ruhige Art gefiel ihr; er war ein angenehmer Gesprächspartner. Sie bewunderte, wie zielstrebig er seine Zukunft mit Erin plante, und seine Tüchtigkeit beeindruckte sie. Ein Boot steuern, ein Haus bauen? Noch nie hatte sie jemanden gekannt, der das konnte. Wie in den uralten Zeiten, als ein Mann nur dann ein Haus oder ein Boot besaß, wenn er es eben selbst gebaut hatte. Allein, dass er es sich zutraute, fand sie faszinierend. Sie warf ihm einen scheuen Blick zu.

Ronán hing ähnlichen Gedanken nach, während er sich zurücklehnte, sodass er Molly unauffällig beobachten konnte. Diese Frau entsprach so genau seinen Vorstellungen von einer idealen Partnerin, dass es schon fast beängstigend war. Ihre warmherzige Art, der selbstverständliche Einsatz für ihre Freunde begeisterten ihn. Aber ebenso imponierte ihm Mollys andere Seite: der logische Verstand und das klare wirtschaftliche Denken. Wie sie ihr kleines Unternehmen aufbaute und führte, das war beachtlich. Der Lieferservice klappte wie am Schnürchen – und jedes einzelne Essen schmeckte köstlich. In Addition zu ihren rein körperlichen Reizen ließ sie das alles für ihn unwiderstehlich werden … Ihre tiefen, leuchtend braunen Augen trafen ihn mitten ins Herz, sooft sie ihn ansah. Der Anblick ihrer fein geschnittenen Lippen löste ein Schwächegefühl in seinen Knien aus, und wenn er sich den Kuss vergegenwärtigte, den sie ihm gestern gegeben hatte, spielten seine Gedanken verrückt. Da, jetzt zog sie wieder die Mundwinkel hoch zu diesem süßen Lächeln! Weshalb nur saßen sie hier auf den Barhockern in der vollen Kneipe, anstatt allein miteinander zu sein, ... zum Beispiel in seinem Cottage? Entschlossen begegnete er ihrem Blick, als sie ihn ihrerseits anschaute.

Er beugte sich vor. »Molly, mir ist das hier zu laut. Sollen wir gehen?«

Sie nickte und rutschte vom Hocker; ausgetrunken hatte sie bereits. Sie folgte ihm hinaus ins Freie, wo sie sich ihm zuwandte. »Wahrscheinlich geht es heut überall recht laut zu, meinst du nicht?«

Er zögerte nur kurz. »Tja. Wir könnten höchstens zu mir heim«, schlug er tapfer vor.

Molly spürte die Hitze hochsteigen; bestimmt errötete sie wie ein Teenager. Es war ihr peinlich. Dennoch hielt sie seinen grauen Augen stand. »Gut«, brachte sie schließlich heraus.

12

Was für ein herrlicher Tag! Molly saß auf der Kuppe und schaute sich um. Der Sommer hatte nach langem Zögern endlich Einzug gehalten. In den feuchten Tälern blühten noch Hunderte von gelben Schwertlilien, und in den Winkeln stand majestätisch und geheimnisvoll der Fingerhut. Jeder Straßenrand hatte sich in einen botanischen Garten verwandelt: Fuchsienhecken mit ihren scharlachroten Blüten, die ersten feuerfarbenen Montbretien, dazwischen weißer, duftiger Mädesüß und violetter Blutweiderich. Hier draußen an der Küste war die Blütenpracht weniger auffällig, aber wer sich Mühe gab, fand überall Knabenkraut im langen federnden Gras. Wo der Untergrund torfig war, wuchsen Erika und Sommerginster.

Ann Healey betreute die Webstube nun immer mittwochs, dafür war der Reit-Termin in Grazeland auf Dienstag verlegt worden. Molly hatte Erin dort abgeliefert und nutzte die freien Stunden für eine Wanderung an der Küste entlang. Sie hatte den kleinen Strand von Binn Ban besucht, wo an diesem warmen, wolkenlosen Tag reges Badetreiben herrschte. Anfang Juli hatten die Grundschulkinder schon Ferien, und viele Familien fuhren für eine Woche ans Meer. Die

Geruchsmischung war einzigartig: Salzluft, Tang und Sonnenöl – die helle irische Haut verbrennt leicht.

Molly wanderte jenseits der Bucht weiter an den immer höheren Klippen entlang, bis sie zum höchsten Hügel kam. Dort legte sie pflichtschuldigst einen flachen Stein auf den bereits vorhandenen Steinhaufen und setzte sich zum Ausruhen in das dicke Graspolster.

Ihr Blick schweifte hinaus aufs offene Meer. Von dem heftigen Westwind der letzten Tage war nichts mehr zu spüren, aber die Wellen rollten noch in einer glatten hohen Dünung heran und klatschten eindrucksvoll an die steilen Felswände weit unter ihr. Möwen flogen geschäftig auf Fischfang, um ihre Jungen zu füttern, die auf Felsvorsprüngen und in Nischen hockten. Und rechts, ein Stück außerhalb der Hafeneinfahrt, kreuzten drei Ausflugsboote. Molly kannte sie inzwischen alle und konnte sich im Geist zwischen die Touristen setzen. Würde Fungie wirklich kommen? Oder ließ er sich heute nicht blicken? Sie lächelte. Die bange Frage war ihr mittlerweile vertraut. Aber er kam immer.

Gerade eben schien er gesichtet worden zu sein, denn die Kapitäne nahmen eifrig Fahrt zu einem gemeinsamen Ziel auf. Es folgte das übliche Heimholen: Der Delfin ließ sich jedes Mal gern auf ein fröhliches Wettschwimmen ein und kam bereitwillig mit in die Hafenbucht.

Als sie die Boote nicht mehr sehen konnte, sank Molly zurück ins Gras. Was für ein Glück sie hatte! In dieser wunderbaren Gegend zu leben, anstatt nur ein paar Urlaubstage hier zu verbringen. Eine sichere Anstellung und ein gewinnbringendes Hobby zu haben. Von guten Freunden umgeben zu sein und ihren Traummann gefunden zu haben.

Ihre Gedanken konzentrierten sich auf Ronán. Seit jenem denkwürdigen Ostersonntag waren sie zu einer festen Einheit zusammengewachsen. Er liebte sie, sagte er, und inzwischen musste sie es fast glauben. Erstaunlich eigentlich – Molly fand immer, dass sie nichts Besonderes war und nicht besonders gut aussah. Ronán schien das anders zu sehen. Ihr wurde ordentlich heiß, als sie sich daran erinnerte, wie er vor ein paar Tagen all ihre äußeren Vorzüge aufzählte und geküsst hatte: die Nasenspitze, die Augen, die Mundwinkel, den Nacken … Es hatte lang gedauert, bis er fertig war!

Natürlich dachte sie an die Zukunft. Nie vorher hatte sie eine feste Verbindung in Erwägung gezogen. Irgendwie war sie immer davon ausgegangen, ihr Leben allein zu verbringen, und sie hatte das bisher ja auch durchaus genossen. Seit sie jedoch Ronán kannte, stellte sie sich ihn unwillkürlich als Ehemann vor, und was noch wichtiger war: Er würde der ideale Partner sein, denn er war zuverlässig, beständig, ruhig, übernahm Verantwortung, trank nicht … Was noch? Musikalisch war er. Dass er so gut aussah, schien in diesem Zusammenhang nicht wirklich von Belang, aber immerhin ein netter Bonus zu sein.

Er unternahm allerdings keinerlei Schritte in diese Richtung. Sie sahen sich regelmäßig am Donnerstag bei ihm; da war Maura daheim und kümmerte sich um Erin. Am Samstag radelte er nach der letzten Tour hinaus nach Ballyferriter und blieb über Nacht. Und am Mittwoch besuchte sie ihn am Spätnachmittag zusammen mit Erin. Aber das war doch nicht genug – oder erwartete sie zu viel? Sie wünschte sich ein stetiges Zusammenleben ohne das ganze Hin und Her. Ob mit oder ohne Trauschein war ihr dabei gar nicht wichtig; sie wollte den Mann, den sie liebte, einfach in der Nähe haben.

Manchmal fiel ihr Nancy ein. Die hatte sich völlig erfolglos lange um ihn bemüht. Vielleicht war er tatsächlich beziehungsscheu – so was sollte es ja geben. Bloß erweckte er nicht den Eindruck; er schien sich sehr glücklich zu fühlen mit Molly. Mit einem Seufzer rappelte sie sich auf und machte sich auf den Rückweg.

Bald sah sie den kleinen Leuchtturm vor sich. Sie kletterte auf die Felsbrocken unterhalb der Graskante und beobachtete die Boote. Sie waren bis auf fünfzig Meter an die Küste herangefahren, und sie konnte Fungie zwischen ihnen springen sehen. So nah ans Land durften sie nur bei Flut und ruhiger See steuern, das hatte ihr Ronán erklärt. Bei Ebbe lagen viele der Felsen zu dicht unter der Oberfläche. Sie stieg zurück auf das Hochufer und winkte den Booten zu. Ob Ronán gerade herschaute, wusste sie natürlich nicht. Noch als sie wieder Richtung Dingle marschierte, wedelte sie mit den Händen; vielleicht sah er sie ja doch.

Plötzlich merkte sie, dass am Leuchtturm Russell Foley, der Rucksackmann, stand und sie beobachtete. Verlegen senkte sie die Arme und nickte ihm zu. Da sie keine Lust hatte, mit ihm weiterzugehen, setzte sie sich auf einen Stein und richtete den Blick aufs Meer hinaus, während sie seine Bewegungen aus den Augenwinkeln verfolgte. So, jetzt machte er sich auf den Weg. Konnte es denn sein, dass er täglich hierherkam? Bisher hatte sie ihn fast jedes Mal getroffen, wenn sie in der Gegend war. Das war doch seltsam. Warum lief er immer die gleiche Strecke? Von Ventry aus, wo er wohnte, gab es schließlich unendlich viele reizvolle Möglichkeiten: Man konnte am dortigen Strand entlanggehen, auf die Hügel, auf den Mount Eagle, in das große Hochmoor oder über den kleinen Pass nach Smerwick Harbour.

Erst als er in sicherer Entfernung war, ging Molly weiter. Sie umrundete den Leuchtturm auf der Landseite; das malerische Gebäude hatte es ihr angetan. Seit ihrem letzten Besuch waren Brombeersträucher und Brennnesseln dichter und höher geworden und verwehrten jeden Zugang. Nur an einer Ecke klaffte eine Lücke zwischen dem Gestrüpp und der Mauer, fast wie ein Trampelpfad. Dort war damals, bei ihrer ersten Begegnung, auch der Rucksackmann herausgekommen. Neugierig schlüpfte sie hinein, nachdem sie sich vergewissert hatte, dass Russell außer Sichtweite war.

Die Dornen griffen nach ihrer Haut, und sie drückte sich eng an die Wand. An diesem heißen Tag trug sie ein ärmelloses Hemd und halblange Hosen; das gab reichlich Angriffsfläche für die Ranken. Sie vergaß diese Gefahr jedoch bereits nach wenigen Schritten. Da war doch tatsächlich auch eine Lücke in der Mauer, und zwar so weit unten, dass sie von außen nicht entdeckt werden konnte. Vorsichtig krabbelte sie hindurch. Die Steine hatte jemand sorgfältig beiseite geräumt, und der Boden bestand aus blanker Erde ohne Bewuchs. Gerade so, als ob der Weg regelmäßig benutzt wurde – sollte der Rucksackmann hier ein- und ausgehen?

Jetzt stand sie im Innenhof. Auch auf dieser Seite kaschierte Unkraut das Loch, und sie folgte der schmalen ausgetretenen Spur ein paar Meter nach rechts, bevor sie sich umschauen konnte.

Ja, das würde einen fantastischen Platz für ein Café abgeben! Man müsste den Hof reinigen und vielleicht pflastern oder mit Kies aufschütten. Das Häuschen neben dem Leuchtturm – schade, es war verschlossen – wäre ideal für eine Theke, gefüllt mit allerlei Kuchen, daneben die Kasse und der Kaffeetopf … Molly lachte in sich hinein; sie war einfach unverbesserlich.

Ob es nicht doch einen Weg ins Innere gab? Die eine Wand stieß direkt an den runden Turm, und das Gebäude erstreckte sich links bis zur Einfassungsmauer – nein, da gab es einen schmalen Durchgang. Sie drängte sich hinein.

Tatsächlich, da führten drei Stufen zu einer niedrigen Seitenpforte, mit einem schweren Riegel gesichert. Sie schob ihn zurück und versuchte, die Tür zu öffnen. Erst wollte es ihr nicht gelingen; sie zog und zerrte vergeblich. Als sie frustriert daran rüttelte, gab das Holz plötzlich nach: Die Pforte ging nach innen auf, nicht nach außen. Gebückt trat Molly ein.

Es dauerte einen Augenblick, bis sich ihre Augen an das Halbdunkel gewöhnt hatten. Nur durch die Türöffnung drang diffuses Licht ein. Ein massiver Holztisch stand an der Hinterwand unter einer kleinen Luke, die mit einem Laden verschlossen war. Schmutzige Fliesen in einem schwarz-roten Schachbrettmuster waren am Boden angeordnet. An der rechten Seite zum Hof hin befand sich ein größeres Fenster. Jemand hatte ein loses breites Brett davorgehängt. Als Molly es abnahm, drang mehr Licht in den Raum, Das Fenster ließ sich jedoch nicht öffnen. Erst nach einigen angestrengten Versuchen merkte sie, dass die beweglichen Teile fest an den Holzrahmen geschraubt waren. An der vierten Wand gab es einen offenen Kamin und eine Tür, die wohl in einen Flur führte. Behutsam drehte Molly an dem Knauf. Nicht versperrt!

Ja, da war ein winziger Vorraum mit einem halb zerfallenen Regal an der Rückseite und zwei weiteren Türen. Diese rührten sich jedoch um keinen Millimeter, so viel sie auch drückte und zog; sie waren zugesperrt. Eine, nahm sie an, führte in den Hof, und die andere musste eine

Verbindung zum Turm sein. Kopfschüttelnd kehrte sie zurück in das Zimmer. Hier sollte der Leuchtturmwärter gewohnt haben? Selbst wenn man in Betracht zog, dass frühere Generationen bescheidener in ihren Ansprüchen gewesen waren, schien es ihr fast unmöglich. Hatte er nur über dem offenen Feuer im Kamin gekocht? Aber vielleicht gab es eine Kochstelle und ein Bett in den unteren Stockwerken des Leuchtturms. Zu dumm, dass sie nicht hineinkonnte. Zu gern wäre sie hinaufgeklettert – der Blick vom umlaufenden Balkon musste spektakulär sein.

Auf dem Tisch lag ein Stapel Papiere. Neugierig griff sie nach den Blättern. Es handelte sich um Zeichnungen, wie sie erstaunt feststellte. Wurde das Gebäude doch regelmäßig genutzt, obwohl es so heruntergekommen wirkte? Es lag kein Staub auf den Bildern; lang konnten sie noch nicht hier liegen. Am Fenster stehend, schaute sie die Sachen durch. Gar nicht schlecht! Die meisten stellten Landschaften dar, in kräftigen schwarzen Strichen charakterisiert. Sie erkannte den Leuchtturm aus verschiedenen Perspektiven und diverse Stellen der Küste und des Vorgebirges gegenüber. Schade bloß, dass alles gar so düster war. Am besten gefiel ihr der nachgebaute Normannenturm, der eine Landmarke auf dem Weg von Dingle hierher war.

Ganz unten entdeckte sie ein paar farbige Aktzeichnungen. Sie zeigten alle dieselbe Frau, waren aber offenbar aus dem Gedächtnis angefertigt, niemand konnte hierfür Modell gestanden haben. Oder der Künstler hatte wenig Erfahrung mit dem weiblichen Körper. Molly fand die Bilder seltsam unwirklich und irgendwie theatralisch. Die Farbe war zu dick aufgetragen, die Körperhaltung unnatürlich, die Linienführung ungeschickt. Außerdem sah der Kopf der dargestellten Frau ihr selbst ungeheuer ähnlich. Peinlich berührt brachte sie die Zeichnungen zurück auf den Tisch und hängte das Brett wieder vor das Fenster. Gerade wollte sie gehen, da hörte sie ein Geräusch von draußen. Ein Rascheln, Schritte, ein Schleifen an der Hauswand ... Unwillkürlich fuhr sie zusammen. Immerhin war sie unerlaubt eingedrungen; sie legte keinen Wert darauf, hier ertappt zu werden. Eilig huschte sie hinaus in den Flur und drückte die Tür leise ins Schloss. Sie stand in völliger Dunkelheit und konnte nur hoffen, dass wer auch immer da kam kein Interesse an diesem Vorraum hatte.

Gespannt horchte sie. Jemand trat in das Zimmer, brummte etwas. Dann hörte sie Papier rascheln. Noch einmal Schritte, ein Rumsen, Stille. Langsam beruhigte sich Mollys Herzschlag. Erst nach fünf Minuten wagte sie sich aus dem Versteck und zog die Tür zentimeterweise auf. Auch in der Stube herrschte nun ägyptische Finsternis. Sie lauschte eine Weile, bis sie ganz sicher war, allein zu sein. Vorsichtig tastete sie sich vorwärts. Da war die Wand gegenüber, nun musste sie bloß das Türchen finden.

Der Besucher hatte die Pforte von außen verriegelt. Sie war eingesperrt.

Im ersten Moment zuckten schreckliche Bilder durch ihr Hirn: der Graf von Monte Christo hilflos in seinem Verlies auf Chateau d'If; Tom Sawyer mit Becky in der Höhle eingeschlossen; der lebendig eingemauerte Junge mit seinem Hund, in dem Buch von Martha Grimes – wie hieß es gleich? Und Aida und Antigone …

Aber rasch setzte sich ihr logischer Verstand durch. Falls es Empfang gab, konnte sie telefonisch Hilfe holen. Falls nicht – nun ja. Erst musste sie das Brett wieder vom Fenster nehmen. Diese Dunkelheit lähmte ja förmlich die Gedanken. Ja, richtig, notfalls konnte sie die Scheiben einschlagen. So, jetzt war es hell. Wie stand es nun mit dem Telefonieren?

Es stand schlecht, weil nämlich die Batterie leer war. Molly knirschte mit den Zähnen. Wütend steckte sie das nutzlose Handy ein und sah sich um. Die Zeichnungen lagen nicht mehr auf dem Tisch. Das bedeutete wohl, dass der Künstler sie vergessen hatte und zurückgekommen war, um seine Schätze zu holen. Kam er regelmäßig her, um zu arbeiten? Hatte er das Häuschen gemietet? Oder hatte er wie sie rein zufällig den Eingang gefunden? Auf dem Kaminsims bemerkte sie eine Schuhschachtel voll mit Ölkreiden. Also schien er doch öfter hier zu sein. Unwillkürlich fiel ihr der Rucksackmann ein. War er der Zeichner? Er trieb sich ja häufig in der

Gegend herum, und einmal hatte sie ihn direkt am geheimen Mauerpfad überrascht. Wirkte er deshalb damals so erschrocken? Kurz bevor sie heute in das Haus eingedrungen war, hatte sie ihn ebenfalls getroffen. Es konnte passen. Er war losgelaufen nach Dingle, irgendwann hatte er sich an seine Bilder erinnert, und er war daraufhin umgekehrt, um sie in seinen Rucksack zu stecken.

Energisch schob Molly diese Erwägungen beiseite. Jetzt ging es darum, hier rauszukommen. Da war noch diese Luke über dem Tisch. Wenn die allerdings ebenfalls vernagelt war, blieb ihr wirklich nichts anderes übrig, als die Scheibe zu zertrümmern. Da sie nicht heranreichte, kletterte sie auf den Tisch. Die Riegel klemmten etwas; sie waren wohl schon lang nicht mehr bewegt worden. Aber schließlich gelang es Molly, den Laden aufzuziehen. Und dahinter gähnte eine leere Fensteröffnung ohne Glas. Sie steckte den Kopf hindurch, um die Umgebung zu studieren. Zum Boden hinunter war es tief, bestimmt so an die drei Meter. Und da die Außenmauer so nah am Haus stand, blieb auch wenig Platz zum Manövrieren. Aber genau vor dem Fenster waren die obersten Mauersteine abgebröckelt.

Sie erinnerte sich daran, diese Stelle bei ihrem ersten Rundgang schon gesehen zu haben. Sie würde erst mit einem Fuß nach der Mauerkrone tasten. Sobald sie dort Halt fand, musste sie den Kopf und Oberkörper durch die enge Öffnung kriegen. Wenn sie sich innen am Fensterrahmen festhielt, sollte das möglich sein. Dann musste sie das andere Bein nachziehen und auf dem Fensterbrett aufsetzen, während sie sich außen an der Hauswand abstützte. Am schwierigsten würde es sein, den zweiten Fuß auch auf die Mauer zu bringen, ohne dabei in den Spalt zwischen Mauer und Haus zu fallen. Danach konnte sie sich an den beschädigten Steinen gemächlich nach unten arbeiten und zuletzt außen abspringen. Sie verzog das Gesicht, als sie an das Brombeergestrüpp dachte. Na, immerhin besser, als hier zu übernachten!

Noch einmal maß sie die Entfernungen, dann setzte sie den Plan entschlossen in die Tat um. Einfach war es nicht, aber tägliche Yoga-Gymnastik hatte Molly gelenkig und kräftig gemacht. Gegen Dornenranken schützte das zwar nicht; es gelang ihr jedoch, mit nur zwei tieferen Kratzern durchzukommen.

Alle ihre Instinkte rieten dazu, sofort diesen Ort zu verlassen. Ihr Verstand bestand darauf, noch einmal auf dem erprobten Weg in das Haus einzudringen und den Fensterladen zu schließen. Wer auch immer den Raum nutzte, brauchte nichts von ihrer Anwesenheit zu erfahren.

Aufatmend schob sie den Riegel vor die Pforte, bevor sie sich endgültig auf den Rückweg zum Camphill-Gelände machte.

Erin wartete bereits; das unerwartete Abenteuer hatte Molly lange aufgehalten. Ronán war noch gar nicht daheim, als sie ihren üblichen Besuch bei ihm machen wollten, also fuhren die beiden Frauen gleich heim nach Ballyferriter. Dort wurden sie von einer aufgeregten Maura empfangen. Die Tierärztin stand an der Hausweide und wedelte mit beiden Armen, während sie übers ganze Gesicht strahlte. Erin lief zu ihr, und Molly hörte ihren Jubelruf, als sie das Auto absperrte. Neugierig trat sie näher.

Der Anblick erwärmte ihr Herz. Luna, die dunkelbraune Eselstute, hatte endlich gefohlt. Maura hatte das Ereignis eigentlich früher erwartet und sich fast schon Sorgen gemacht. Die andere trächtige Eselin hatte ihr graues Hengstfohlen bereits im Mai bekommen, aber Luna ließ sich Zeit. Sie zeigte auch keine Nervosität, sondern trug den dicken Bauch mit Gelassenheit. Manchmal boxte und strampelte das Fohlen in der Gebärmutter so stark, dass man es von außen sehen konnte. Dann blieb die Stute still stehen und drehte bloß verwundert die Ohren nach hinten, als wolle sie nach ihrem Kleinen horchen.

»Gleich, nachdem ihr weg wart, ist es losgegangen«, berichtete Maura. »Sie hat keinerlei Hilfe gebraucht, hat es souverän und ganz allein bewältigt.« Stolz klang in ihrer Stimme mit. Die problemlose Geburt bestätigte ihre Art der Tierhaltung: so viel Freiheit und so wenig Einmischung wie möglich.

Hingerissen beobachteten die Frauen das schwarze Stutfohlen mit seinen lächerlich langen dünnen Beinen und dem schmalen Körperchen. Es stand dicht neben der Mutter, die vier winzigen Hufe weit gespreizt, und betrachtete erstaunt die fremde Umgebung.

»Soll ich Gelbe Rüben holen?«, schlug Erin mit glänzenden Augen vor.

Maura lächelte. »Ja, bring Karotten für Luna. – Aber ich glaube nicht, dass sie dich das Kleine schon anfassen lässt«, fügte sie hinzu, weil sie den unausgesprochenen Wunsch erriet. »Da müssen wir geduldig sein.«

Als jedoch Erin der Stute die wohlverdienten Leckerbissen hinhielt, kam das Fohlen mit seiner Mutter näher. Neugierig beschnupperte es Erins Finger, während Luna bedächtig kaute. Sie schien nichts dagegen zu haben, dass die Menschen sich mit ihrem Nachwuchs beschäftigten, vielleicht aus uneingeschränktem Vertrauen, vielleicht auch, weil schließlich der Weidezaun zwischen ihnen lag.

Erst spät am Abend, als Erin längst im Bett lag, kam Molly dazu, ihr Abenteuer am Leuchtturm mit Ronán zu teilen. Sie hatte es bisher niemandem gegenüber erwähnt, denn sie wollte Erin nicht auf dumme Ideen bringen. Wie leicht konnte sie darüber mit den Camphill-Leuten plaudern, und wie leicht konnten diese beschließen, das Gebäude auf eigene Faust zu untersuchen. Sie wohnten ja in Sichtweite; da wäre Neugier durchaus verständlich.

»Das nächste Mal zieh ich Jeans an … und lad mein Handy vorher auf!«, beendete sie lachend ihren telefonischen Report.

Ronán lachte nicht. Seine sanfte Molly eingesperrt in einem finsteren verlassenen Gebäude? Die Vorstellung ließ ihn schaudern. »Wieso das nächste Mal? Ich finde, du solltest überhaupt nicht mehr dorthin gehen. Was hättest du denn getan, wenn du nicht aus dem Fenster hättest fliehen können?«

»Dann hätt ich eben die Scheiben auf der anderen Seite eingeschlagen. – Sag mal, kennst du niemanden, der den Schlüssel hat? Ich würde zu gern mal auf den Turm klettern. Die Aussicht muss doch fantastisch sein.«

»Da hast du recht. Ich war vor Jahren mal oben, mit Michael Sheehy. Aber der ist schon lang tot. Ich frag mal rum. – Wann kommst du morgen? Wir könnten mit dem Gummiboot rausfahren.«

Ronán ging nach dem Telefonat ins Bett, einschlafen konnte er jedoch nicht. Mollys Erlebnis gab ihm zu denken. Er hatte den Rucksackmann, wie ihn Molly und seine Schwester nannten, oft vom Boot aus beobachtet. Seine Gestalt war ja auffallend genug, wie er bedächtigen Schrittes und mit vorgebeugtem Kopf an der Küste entlangwanderte. Es stimmte: Weiter als bis zum Leuchtturm schien er nie zu laufen; jedenfalls hatte Ronán ihn noch nie jenseits davon gesehen. Warum sollte jemand fast täglich dorthin gehen und in einem halbdunklen Raum schwarze Bilder malen? Es klang verrückt.

Eher konnte er noch verstehen, dass jemand Aktzeichnungen von Molly anfertigte. Ihr wunderbarer kompakter, weicher, warmer Körper forderte ja förmlich dazu heraus. Allerdings stand das wirklich niemandem zu außer ihm selbst, und er konnte kaum ein Strichmännchen zeichnen. Und ganz gewiss hatte keiner ein Recht, fremde Frauenkörper aus der Fantasie darzustellen und mit einem wiedererkennbaren Gesicht zu versehen! Es war empörend. Ronán hatte gute Lust, den Rucksackmann ordentlich zu vermöbeln. Bloß war Gewalt natürlich nie eine Lösung; das war ihm schon klar.

Er drehte sich auf die andere Seite. Wie es nun mit Molly weitergehen sollte, wusste er auch nicht. Bestimmt dachte sie an eine Familiengründung und wünschte sich Kinder … Sie hatte etwas Besseres verdient als ausgerechnet ihn. Am einfachsten wäre es gewesen, es gar nicht so weit kommen zu lassen. Aber nein, um nichts in der Welt wollte er die letzten Monate missen. Sie entzückte ihn immer wieder durch ihr liebevolles warmherziges Wesen. Sooft sie ihn aus ihren großen braunen Augen ansah, fühlte er den Blick bis in seine Seele dringen, und wenn sie die Arme um ihn schlang, vergaß er alles um sich herum. Ein Leben ohne Molly konnte er sich kaum mehr vorstellen.

Und doch – es musste ja sein. Er durfte sie nicht an sich binden. Schlaflos wälzte er sich im Bett.

Auch Russell kam nicht zur Ruhe. Er saß in seinem Sessel vor dem Fernseher und starrte auf den Bildschirm, wo eine späte Seifenoper mit vielen Werbepausen lief. In seinem Hirn spulten sich andere Filme ab, wieder und wieder.

Die Frau heute, wie sie ihm leidenschaftlich zuwinkt … Zwar wendet sie sich dabei leicht ab, Richtung Meer, aber der Gruß gilt schon ihm. So raffiniert! Keiner soll es merken, dass sie ihm nachläuft. Das war bereits das vierte Mal. Oder das fünfte? Danach nickt sie ihm verschwörerisch zu. Er muss sie wirklich einmal ansprechen. Bald. Er braucht sie ja auch dringend. Die Bilder wollen einfach nicht gelingen. Kein Wunder eigentlich; Akte hat er nie vorher gezeichnet. Wenn er einen Computer hätte, könnte er sich wenigstens einschlägige Magazine online bestellen. Hier im Städtchen gab es so was nicht. Mit den Vorlagen würde er sich leichter tun. Die Frau selbst – klar, er musste sie halt fragen. Bloß wann? Und wie?

Vielleicht, wenn sie am Samstag das Essen brachte? Aber nein, da war ja immer das Mädel dabei, ihre kleine Gehilfin.

Einmal hatte sie ihm zugejubelt, daran erinnerte er sich gern. In einem Kleid wie eine Flamme. Und einmal war sie ihm fast in die Arme gelaufen …

Wie hieß sie noch? Seltsam, dass er den Namen immerzu vergaß. Ob das wohl an den Tabletten lag? Aber er nahm sie ja gar nicht. Fünf hatte er übrig; die hob er lieber für Notfälle auf. Ha! Für Notfälle gab es auch die Flasche Gin. Er vergaß so vieles, aber wie Gin schmeckte und was er bewirkte, das wusste er genau. *Warm … Die Watte im Hirn verschwindet … Die Muskeln lockern sich, der Blick wird klarer. Die Finger malen ganz von allein, viel geschickter, viel treffsicherer.* Mit Gin gelang das schwierigste Bild. Selbst die nackte Molly könnte er dann zeichnen. Molly, ja, das war der Name. Ein warmer Name, wie ein Mund voll Gin …

Seine Hand zuckte zu dem Rucksack, der neben dem Sessel auf dem Boden lag. Schon hatte er die Schnallen gelöst und die dick verpackte Flasche herausgezogen. Nur zwei, drei Schlucke, das wusste er, würden ihn schlafen lassen wie ein Murmeltier. Da fiel es ihm wieder ein: Nein, hatten sie gesagt. Keinen Alkohol! Niemals, hören Sie? Lassen Sie die Finger davon. Nicht zusammen mit den Medikamenten. Die Wirkung ist völlig unberechenbar.

Unschlüssig zögerte er. Er nahm ja überhaupt keine Medikamente. Aber unberechenbar … Nein, besser nicht. War ja schließlich kein Notfall, wenn man nicht schlafen konnte. Er steckte die Pulle wieder zurück und holte stattdessen den Skizzenblock und die Kreiden heraus. Mit fahrigen Strichen begann er, zu zeichnen.

13

Viermal schon war Ronán abends mit Molly auf dem Gummiboot ausgefahren, um Fungie hautnah zu erleben. Bisher allerdings hatten sie Pech gehabt: Der Delfin kam nicht, wahrscheinlich hatte er nach dem langen Tag mit den Touristen beschlossen, auf die Jagd zu gehen.

Molly genoss die Ausflüge trotzdem. Seitlich auf dem festen Gummirand zu sitzen, die kleinen Wellen zu spüren, die das Boot vibrieren ließen, die vorbeiziehende Küstenlandschaft zu betrachten, vermittelte ihr ein Gefühl übersprudelnder Lebensfreude. Anfangs war sie skeptisch gewesen: Gummiboote hießen für sie diese schlappen Dinger, die man für Kinder kaufte und im Garten als Planschbecken mit Wasser füllte. Zu mehr waren sie ja auch nicht nütze.

Bereits der erste zaghafte Tritt auf den prall gefüllten Seitenwulst belehrte sie jedoch eines Besseren. Das war ein ernsthaftes Wasserfahrzeug; klein zwar, aber haltbar und stabil. Der Boden bestand aus einer starken Glasfaserplatte, die Wände aus widerstandsfähigem Gummi. Da gab nichts nach, und man brauchte keine Angst zu haben, dass das Material platzte oder riss. Der Motor war ebenfalls kein Spielzeug, wie ihr Ronán stolz bei der ersten Tour vorgeführt hatte.

Sie erinnerte sich, wie er erklärt hatte: »Zehn PS, das heißt, dass es ganz schön flitzt.« Das tat es wirklich, und sie fand es herrlich, obwohl sie sonst wenig Wert auf überhöhte Geschwindigkeiten legte.

Auch heute liefen sie aus. Um diese Jahreszeit ging die Sonne erst nach zehn unter – jetzt um halb acht stand sie hoch am Himmel. Auf dem spiegelglatten Wasser des Hafensees glitt das Boot hinaus zur Einfahrt. Von Fungie war nichts zu sehen.

»Los, wir suchen ihn draußen; es gibt ja kaum Wellen«, schlug Ronán vor.

Tatsächlich machte es großen Spaß, über die weite Dünung zu schaukeln. Der Kapitän hielt sich dicht an die steil abfallenden Klippen und tuckerte gemächlich daran entlang. Die Felsen lagen im Schatten und wirkten fast bedrohlich. Beeindruckt starrte Molly nach oben. Es war immer wieder ein Schock, sie von dieser Seite aus zu sehen. Von Dingle aus nahm sich dieser Hügel wie ein sanfter grüner Buckel aus. Dass er so plötzlich senkrecht abbrach, konnte man sich kaum vorstellen.

Ronán steuerte das kleine Fahrzeug durch enge Felsspalten und in einige Höhlen. »Macht Spaß«, bemerkte er. »Mit der *Mermaid* kann ich mir solche Ausflüge nicht leisten.« Schließlich lenkte er ein Stück aufs offene Meer hinaus und schaltete auf Leerlauf. Aus einer Innentasche zog er zwei Tin Whistles und reichte eine zu Molly hinüber.

Verblüfft hörte sie, wie er ein Stück anspielte, das ihr vom Wrens Day bekannt war. Nach einer Weile stimmte sie mit ein. Das war nun wirklich vergnüglich; sie hatte ihre Flöte oft bei den Spaziergängen auf Grazeland dabei, aber mitten auf dem Ozean die fröhlichen irischen Melodien zu pfeifen, war um einiges besser.

Plötzlich merkte sie, wie Ronán mit dem Kopf zur Seite wies. Um die grauen Augen bildeten sich Lachfältchen. Erstaunt schaute sie sich um. Da schwamm Fungie dicht neben ihr. Sie erschrak ordentlich: Er war unerwartet groß, über vier Meter, länger als das Boot. Wenn er nun schlechte Laune hatte und beschloss, mit dem seltsamen Gummiding zu spielen? Es konnte ihm nicht schwerfallen, das Fahrzeug umzukippen.

Aber dann fiel ihr wieder ein, dass er in den zurückliegenden dreißig Jahren niemals zerstörerische Züge gezeigt hatte. Gerade wollte sie die Hand ausstrecken, um die glatte graue Haut zu berühren, da tauchte er weg. Gleich darauf kam sein Kopf auf Ronáns Seite zum Vorschein. Das kleine Auge betrachtete ihn genau.

»Spiel weiter!«, forderte der Käpten sie auf.

So pfiff Molly eine Melodie nach der anderen, während Ronán den Gang einlegte und langsam losfuhr. Der Delfin schwamm nebenher. Bald kam er wieder neben ihr an die Oberfläche. Die Musik schien ihm zu gefallen; als sie ein besonders beschwingtes Stück begann, schoss er hoch aus dem Wasser, drehte sich vor Vergnügen in der Luft und platschte zurück.

Die beiden lachten. Sie hatten eine kalte Dusche abgekriegt, aber das machte ihnen wenig aus. Fungie schlug noch mehrere übermütige Purzelbäume, ehe er wieder ruhig neben dem Boot herglitt.

Langsam bewegte Molly die Finger auf den glänzenden Kopf zu. Jetzt! Ja, er ließ sich anfassen! Sachte strich sie über die glatte Haut. Straff fühlte sich das an, prall und lebendig. Nach einigen Minuten tauchte Fungie unter dem Boot durch und holte sich auch bei Ronán ein paar Streicheleinheiten ab. Dann schnellte er ein letztes Mal hoch in die Luft und verschwand im Wasser.

»War das schön!« Molly seufzte beglückt. Ronán nickte bloß.

Schweigend fuhren sie zum Liegeplatz zurück, während die Begegnung mit dem großen Meeressäuger noch in ihnen nachklang. Erst als sie durch den belebten Hafen zu Mollys Auto schlenderten, holte die Wirklichkeit sie wieder ein. Aber selbst all die Menschen, die sich im letzten Sonnenlicht auf den Gehsteigen und vor den Pubs drängten, konnten den Zauber nicht ganz verdrängen.

Später, als Molly neben Ronán im Bett lag, sein Kopf an ihrem Hals ruhte, streichelte er sanft über ihren Busen.

Sie kicherte. »Du kitzelst mich.«

»Soll ich aufhören?«

»Ich rede von deinem Bart, nicht etwa von den Fingern.«

Er drehte sich zu ihr und schlang die Arme um sie. Molly lächelte. Dass Barthaare so weich sein konnten, hätte sie nicht gedacht. Sie kuschelte sich an ihn an.

Als sie vorhin in sein Cottage gekommen waren, hatten sie sofort die nassen Sachen ausziehen müssen – Fungies temperamentvoller Tanz hatte beide durchweicht – und was war naheliegender, als zum Aufwärmen ins Bett zu kriechen? Vielleicht sollte einer von ihnen demnächst auch aufstehen, um die Kleidungsstücke aufzuhängen, sonst trockneten sie ja nie. Aber noch nicht gleich; es eilte nicht.

»Molly …«

»Hm?«

Er holte tief Luft, bevor er bedrückt sagte: »Ich glaube, wir sollten uns trennen.«

Sie riss erschrocken die Augen auf. Das konnte nicht sein Ernst sein! Gerade hatten sie sich geliebt, mit Leidenschaft und Zärtlichkeit, genauso, wie es eben sein musste, und jetzt sprach er von Trennung?

»Willst du mich nicht mehr?«, presste sie beklommen hervor.

Er klammerte sich fester an sie. »Doch!«, stöhnte er. »Aber trotzdem … Es geht um die Kinder«, setzte er entschlossen hinzu.

Molly lag ganz still. Das wurde ja immer seltsamer. Was meinte er bloß? Ronán fiel es manchmal schwer, abstrakte Gefühle in Worte zu fassen, das war ihr schon aufgefallen. Kinder jedoch waren etwas Konkretes. Das heißt, in diesem

Fall waren sie nicht konkret, es waren schließlich keine da. Oder? Verwirrt schüttelte sie den Kopf. Diese Unterhaltung trübte ihren Verstand; sie musste Klarheit gewinnen. »Es geht um deine Kinder?«, fragte sie in der Hoffnung, ihn zu weiteren Äußerungen zu bewegen.

»Ja.« Seine Stimme klang verzweifelt.

Sie atmete tief durch. Ganz ruhig jetzt, befahl sie sich selber. Ronán war ein geschickter Liebhaber; das ließ natürlich auf Erfahrung schließen. Andererseits hatte er gesagt, seine sexuellen Erlebnisse seien ebenso wie ihre meist kurzlebige Affären gewesen, unbefriedigend und unwichtig. Nun konnten Kinder freilich auch in einer einzigen Liebesnacht gezeugt werden. Aber gleich mehrere? Und hätte er diese Tatsache nicht vielleicht schon früher mal erwähnen sollen? Sie befreite sich aus seinen Armen.

»Ich kapier das nicht. Du hast also Kinder?«, hakte sie nach, während ihr das Herz bis zum Hals klopfte.

Er schüttelte ungeduldig den Kopf. »Nein, natürlich nicht. – Ich meine, es geht um die Kinder, die du wahrscheinlich haben willst, ich aber nicht.«

»Ronán. Jetzt fang noch mal von vorn an. Ich versteh kein Wort.«

Er seufzte. »Ich nehme an, du möchtest eines Tages gern Kinder haben. Stimmt's?«

Molly nickte. Doch, sie wünschte sich jede Menge Leben in der Bude.

»Aber ich … kann keine zeugen.«

»Oh. – Wieso nicht?«

»Wegen Erin.«

Fast hätte sie laut gestöhnt. Wie kam denn seine Schwester plötzlich ins Spiel? Wenn das so schleppend weiterging, wusste sie morgen immer noch nicht, worum es sich handelte. Klar war bisher nur geworden, dass er sie loswerden wollte, und zwar aus krausen Gründen, die er nicht zu erklären vermochte. Und soeben hatte er behauptet, er könne nicht zeugen. Das war immerhin etwas, wo sie nachhaken konnte. »Bist du unfruchtbar?«

»Bis jetzt nicht; doch ich habe fest vor, mich sterilisieren zu lassen.« Ronán sah sie an. Er wirkte unnatürlich ruhig. »Das kann ich dir nicht zumuten, und deshalb müssen wir uns trennen.«

»Moment mal. Erst will ich wissen, warum du das vorhast. Und überhaupt: Was mir zuzumuten ist, entscheide ich schon selber«, entgegnete Molly nun doch aufgebracht.

Er drehte sich von ihr weg und schwang sich auf den Bettrand. Einen Augenblick lang hatte sie irrsinnige Angst, er würde einfach aufstehen und sie allein lassen. Er blieb jedoch sitzen, die Ellbogen auf die Knie gestützt. Mit hängendem Kopf erklärte er: »Es ist wegen Erin. Du weißt ja, dass sie das Down-Syndrom hat … Das liegt oft in der Familie. Ich kann es nicht riskieren, Kinder zu zeugen. Vielleicht sind sie behindert.« Er warf ihr einen gequälten Blick zu. »Verstehst du nun, Molly?«

Ah.

Ja.

Sie begriff unter anderem, warum er so gewissenhaft darauf achtete, stets Kondome zu benutzen, darüber hatte sie sich etwas gewundert. Ein ungeheures Gewicht rollte von ihrem Herzen, denn sie selbst sah kein wirkliches Problem, auch wenn es sich ihm so darstellte. Völlig klar war in jedem Fall, dass es keinerlei Grund zu einer Trennung gab. Sollte er tatsächlich auf einer Vasektomie bestehen, dann mussten sie eben Kinder adoptieren. Aber sie hielt eigentlich seine Ängste für unbegründet. Sie überlegte.

»Wie alt waren denn deine Eltern, als Erin auf die Welt kam?«, erkundigte sie sich.

Seine Stimme klang ungeduldig. »Ich weiß genau, was du sagen willst. Das haben mir verschiedene Ärzte ebenfalls erklärt. Freilich waren sie rein altersmäßig in einer Risikogruppe, Mum war zweiundvierzig und Dad fast fünfzig.«

»Du hast dich also ärztlich beraten lassen.«

»Ja. Ich hab sogar mein Sperma untersuchen lassen.«

»Und?«

»Völlig normal. – Aber schau, Molly: Auf die Frage, ob sie hundertprozentig sicher sind, dass ich gesunden Nachwuchs kriegen würde, haben sie alle die Schultern gezuckt. Alle. Das heißt, es gibt keine Garantie. Die Gefahr kann ich nicht auf mich nehmen.«

Seine Gewissensqualen rührten ihr Herz. In was hatte er sich da nur verrannt! Denn es war eine irrationale Angst, die ihn in den Krallen hielt. Diese Sorte Garantie konnte schließlich kein Arzt dieser Welt abgeben. Dennoch verstand sie, dass für Ronán dieses Schulterzucken ein negatives Urteil bedeutet hatte, während die meisten anderen Menschen sich mit der Prognose »völlig normal« dankbar zufriedengegeben hätten. Es hatte wenig Sinn, auf ihn einzureden – seine Angst war ja durchaus konkret, wenn auch unnötig.

Sie musste ihre Argumente sorgfältig planen, um diesen Panzer zu durchdringen. Und am besten konnte sie während der Arbeit nachdenken. Molly stand auf, um die verstreuten feuchten Kleidungsstücke einzusammeln und auf die Heizkörper zu legen.

»Gehst du?«

Der heisere Ruf ließ sie abrupt herumfahren. Ronán hatte sich in die Bettdecke gewickelt, als säße er in einem Schneesturm. Er sah ihr verzweifelt zu. Meine Güte, dachte sie, jetzt meint er, ich zieh mich an und verschwinde einfach aus seinem Leben! Impulsiv setzte sie sich wieder neben ihren Käpten und vergrub die Hände in seinen dichten Locken.

»Ronán, ich gehe überhaupt nicht weg«, sagte sie eindringlich, während sie seinen Kopf umfing. »Wir zwei gehören zusammen. Du glaubst doch nicht etwa, dass ich dich alleinlasse mit diesem Problem?«

In seinen Augen zeichnete sich Erleichterung ab, aber er hakte nach: »Nein?«

»Auf gar keinen Fall! – Ich will bloß unsere Sachen zum Trocknen aufhängen.«

Mit einem Seufzer lehnte er sich zurück und beobachtete jede ihrer Bewegungen. Hinterher machte sie zwei Tassen Tee und kletterte wieder ins Bett. Sie wusste jetzt, wie sie vorgehen musste. Logik half hier nichts, dazu saß die Angst zu tief. Sie nahm einen Schluck.

»Ronán, hast du dir jemals gewünscht, Erin wäre gar nicht da?«

Er schaute sie verblüfft an. »Natürlich nicht. Auf die Idee bin ich gar nicht gekommen. Sie war von Anfang an etwas Besonderes, und man konnte gar nicht anders, als sie lieb haben.«

Molly nickte; das hatte sie vermutet. »Aber vielleicht hast du sie manchmal bedauert?«

Ronán lächelte. »Wieso denn das? Erin war ein ausgesprochen glückliches Kind; und glücklich ist sie ja heute noch.«

»Aha. Was meinst du: Warum ist sie so?«

Nachdenklich leerte er seine Tasse. »Man sagt, dass Menschen mit Down-Syndrom oft diese Begabung zum Glücklich- oder Zufriedensein haben ... Aber Erin ist es ja auch immer gut gegangen; meine Eltern haben dafür gesorgt, dass sie in der Schule nicht gehänselt wurde, die Lehrerinnen haben sie so weit wie möglich gefördert. Und jetzt hat sie einen eigenen Platz im Leben gefunden – bei dir ...« Leise setzte er hinzu: »Da muss sie ja glücklich sein.«

Molly sah ihn an. »An dir lag es vermutlich schon auch, dass sie sich wohlfühlte.« Ihre

Fragestunde war jedoch noch nicht beendet. »Und deine Eltern – wie sind sie mit Erins Behinderung klargekommen? Haben sie sehr darunter gelitten?«

Langsam merkte Ronán, dass sie keine unverbindliche Unterhaltung führte, sondern ein Ziel verfolgte. Er schaute sie neugierig an, antwortete jedoch bereitwillig. »Anfangs waren sie erschrocken, glaube ich. Sie hatten ja nicht mit so was gerechnet. Aber meine Mum war eine ungeheuer positive Frau. Sie konnte in allem etwas Gutes entdecken. Schade, dass du sie nicht kennengelernt hast! Ihr hättet euch ganz sicher prima verstanden.«

Molly bedauerte das selbst; so, wie Ronán immer von seiner Mutter berichtete, musste sie wirklich eine wunderbare Person gewesen sein.

»Sie hat dauernd betont, wie schön es war, dass Erin sich nicht so schnell wie andere Babys entwickelt hat«, fuhr er fort. »So hatte sie mehr Zeit, die einzelnen Phasen zu genießen. Und sie war so stolz über jeden kleinen Fortschritt … Mein Vater war von Anfang an in seine Jüngste vernarrt und hat ihr den winzigsten Wunsch von den Augen abgelesen. Er hatte sie oft auf dem Schoß und hat ihr Seemannslieder vorgesungen. Nein, gelitten haben sie nicht.« Die Erinnerungen grub Lachfältchen um seine hellen Augen.

Molly war froh, dass er nicht mehr so versteinert wirkte.

»Aber warum willst du all das wissen?« Forschend sah er sie an.

Sie wich aus. »Du meinst also, dass Erin bei euch ein gutes Leben geführt hat und noch führt, und dass ihr sie alle nicht missen wolltet oder wollt?« Als er das bestätigte, legte sie sich lächelnd zurück. »Ich finde auch, dass das so ist«, sagte sie. »Weil ihr nämlich eine besonders liebevolle Familie seid. Wahrscheinlich gibt es viele Eltern, die mit einem Down-Syndrom-Kind völlig überfordert sind, es ablehnen oder abschieben oder isolieren.« Molly zog Ronán zu sich herunter und schaute ihm fest in die Augen. »Natürlich ist es deine Angelegenheit, ob du dich tatsächlich sterilisieren lassen willst. Ich fände es eigentlich schade, aber, wie gesagt, es ist deine Sache. Ich möchte jedoch, dass du eines weißt: Falls du dich anders entscheidest, und falls dann der liebe Gott gerade wieder einen guten Platz für so ein Würmchen sucht und wir gegen alle Wahrscheinlichkeit ein behindertes Baby kriegen sollten, dann würde mich das nicht unglücklich machen. Hörst du? Ich meine das ernst. – Bei uns wäre es doch besser untergebracht als bei vielen anderen.«

So hatte Ronán das noch nie betrachtet. Verblüfft spulte er die Unterhaltung in Gedanken noch einmal ab. Sie hatte recht. Und wenn sie recht hatte und die Sache wirklich so sah, dann … dann … dann gab es keine Grundlage mehr für seine Ängste. Niemals hätte er zu träumen gewagt, eine Frau zu treffen, die so großherzig war wie Molly. Was er für ein Glück hatte!

Sie beobachtete, wie die Gedanken in seinem Kopf sich gegenseitig zu jagen schienen. Seine

Reaktion zeigte ihr, dass sie den richtigen Weg gefunden hatte. Die steile Falte zwischen seinen Brauen entspannte sich, seine Augen wurden groß und dunkel – und dann füllten sie sich mit Tränen. Er ließ den Kopf auf ihre Brust sinken. Sie gab ihm Zeit, während sie mit den Fingern sachte durch seine Locken fuhr und seine Schultern streichelte.

»Molly«, raunte er leise, als er wieder sprechen konnte, »du hast mir eine Riesenlast von der Seele gewälzt. Ich habe gedacht, ich muss dich gehen lassen. Dabei kann ich ohne dich gar nicht mehr leben. Lass mich nicht los!«

»Bestimmt nicht«, antwortete sie fest. »Komm, lass uns schlafen; es ist spät.«

Besonders ruhig schlief sie allerdings nicht, denn der Mann klammerte sich die ganze Nacht an sie, gerade so, als dürfe er sie keinen Augenblick lang aus den Armen lassen. Sie kuschelte sich zurecht, so gut es eben ging, und nutzte die Zeit zum Nachdenken. Erst als schon der Morgen graute, drehte er sich endlich auf die andere Seite, sodass sie noch ein paar Stunden Schlaf fand.

Sie wurde munter, weil jemand von hinten Küsse auf ihren Hals hauchte. Ronán wachte immer gut gelaunt auf, wie kurz die Nacht auch gewesen sein mochte. Das war eines der vielen Dinge, die sie an ihm liebte.

»Mmh«, murmelte der Störenfried genießerisch, »ich liebe deinen Nacken, meine Königin!«

Um es zu beweisen, fuhr er mit der Zunge an ihrem Haaransatz entlang.

Lachend wälzte sie sich herum.

»O Käpten, mein Käpten«, zitierte sie. »Meinen Nacken liebst du also – und was ist mit dem Rest?«

Ronán wurde ernst. »Du weißt, dass ich alles an dir liebe.« Er küsste ihre Nasenspitze. »Außer deiner unmoralischen Grundeinstellung«, fügte er streng hinzu.

»Was?« Molly riss schockiert die Augen auf. »Seit wann findest du mich unmoralisch?«

»Seit gestern. Du hast mir allen Ernstes angeboten, Kinder von mir zu kriegen.«

»Ja, und?«

»Dabei sind wir nicht einmal verheiratet.«

Sie holte schon tief Luft, um den ungerechtfertigten Vorwurf empört zurückzuweisen, da bemerkte sie das verdächtige Zucken in seinem Bart. Sie presste die Lippen aufeinander.

»Warum sagst du nichts?«

»Mir fällt nichts ein.«

Er schlug vor: »Wie wär's mit: *Das könnten wir ja ändern*?«

Molly grinste breit. »Oh, Ronán! Ist das ein Antrag? Das kommt so unerwartet …«

»He, das ist mein Text!« Er rollte sich auf sie. »Du solltest sagen: *Das können wir ja ändern*, und dann wollte ich sagen: *Oh, ist das ein Antrag*? Du bist gemein!«

Daraufhin küsste er sie leidenschaftlich, bis beide nach Luft schnappen mussten, und schließlich bestätigte er ernst: »Ja, Molly, das ist ein Antrag. Willst du mich heiraten, damit all die Kinder nicht ehr- und vaterlos aufwachsen müssen?«

Sei strahlte ihn an. »Also gut.«

14

Am Mittwochnachmittag blieb Ronán nichts anderes übrig, als gute Miene zum bösen Spiel zu machen. Er hatte sein Boot voll mit übermütigen jungen Frauen; eine sogenannte Hen-Party hatte gebucht. Diese »Hühnergruppen« trugen ihren Namen völlig zu Recht, wie er fand: Aufgeregt gackerten und flatterten die Gäste hin und her. Nein, das war boshaft. Sie waren einfach gut gelaunt und stachelten sich gegenseitig an. Eine von ihnen, Ivonne, feierte mit Freundinnen ihren Junggesellinnenabschied. Sie war am aufgedrehtesten von allen.

»Komm, Jenny, du musst unbedingt ein Foto machen von mir und unserem Käpten!«, forderte sie lachend, setzte sich auf seinen Schoß, stülpte sich seine Strickmütze über den Blondschopf und machte ihm schöne Augen. Er grinste. Als jedoch die anderen ebenfalls mit ihm porträtiert werden wollten, wurde er energisch.

»Tut mir leid, Mädels, ich lass mich grundsätzlich nur mit der Braut fotografieren«, sagte er mit einem Zwinkern. »Nein, im Ernst; das geht wirklich nicht. Wenn ihr Fungie sehen wollt, dann solltet ihr mir die nötige Ruhe lassen. Ich muss mich beim Steuern schon ein bisschen konzentrieren.«

Ginny, seine Assistentin, beförderte kurzerhand alle nach draußen und berichtete, wie der gefälschte Normannenturm an der Hafenbucht entstanden war. »Während der großen Hungersnot 1847 ließ der Landbesitzer das Gebäude errichten, um den Leuten die Möglichkeit zu geben, etwas Geld zu verdienen. Es hatte nie irgendeinen Sinn, deshalb nennen wir es *Hussey's Folly*, also *Husseys Torheit*. Der abgerundete Turm auf dem Hügel gegenüber ist aus ähnlichen Gründen erbaut worden, aber die hölzerne Hand an der Spitze weist auf die Hafeneinfahrt, die vom Meer aus schwer zu finden ist.«

Ronán steuerte die *Mermaid* zwischen den Markierungsbojen hindurch, während er müßig über Ivonnes Fingernägel nachdachte. Er hatte sie ja dicht vor Augen gehabt, als sie seine Mütze stibitzte: Gewiss fast zwei Zentimeter lang und nicht nur einfach lackiert, sondern mit Mustern versehen! Wer malte derartige Kunstwerke? Wie lang dauerte die Sitzung, bis alle zehn Nägel verziert waren? Wie schnitt man mit solchen Fingernägeln Zwiebeln? Hatte der glückliche Bräutigam nicht Angst, dass seine Braut ihn kratzte? Obwohl, manche Männer mochten das ja. Er nicht. Dankbar dachte er an Molly. Sie hatte Hände, die zupacken konnten, mit geraden Fingern und kurz geschnittenen Nägeln. Klar, praktisch und sauber, wie alles an ihr …

Er überprüfte automatisch den Küstenwanderweg. Seit sie ihm von ihrem Leuchtturmerlebnis erzählt hatte, schaute er immer, ob der

Rucksackmann unterwegs war. Aha, er ging bereits zurück Richtung Dingle. Da Mittwoch war, hatte er Molly im Verdacht, dass sie wieder einbrechen wollte. Entdecken konnte er sie aber nirgends. Er musste wirklich bald einmal mit ihr auf den Turm steigen; sie war ja förmlich besessen von dem Gebäude, und er wusste inzwischen, wer den Schlüssel verwaltete.

Sie mussten Fungie auf dem offenen Meer abholen und in den Hafensee lotsen. Er schien besonders gut gelaunt und zeigte gewagte Sprünge. Ronáns Hühnerladung quietschte begeistert. Die jungen Frauen filmten den Delfin, machten Selfies mit ihm im Hintergrund und amüsierten sich königlich. Lächelnd nahm er das fröhliche Getümmel zur Kenntnis. Noch übermütiger wurden die Damen, als sie ein paar mitgebrachte Pullen Sekt öffneten und in Plastikkelchen verteilten.

Ronán lehnte ab; er als Kapitän durfte natürlich nicht mittrinken. Während er das Boot langsam wieder zum Hafen lenkte, sah er Molly am Leuchtturm stehen und ihm zuwinken. Er streckte einen Arm aus dem Fenster und schwenkte ihn heftig, war aber nicht sicher, ob sie ihn sah. Er freute sich schon auf ihren Besuch nachher. Und er freute sich auf ihr ganzes gemeinsames Leben!

Seltsam, dass er seine Vorbehalte so vollständig abgelegt hatte. Es war ähnlich wie damals vor Weihnachten. Damals hatte er vor lauter Sorgen keinen Weg in die Zukunft sehen können. Bis er am Krankenbett seiner Mutter konkret daran gegangen war, diesen Weg festzulegen. Und dann wurde plötzlich alles klar und leicht. Diesmal hatte Molly ihm die Augen geöffnet und ihm einen neuen Weg gezeigt. Womit er diese großartige, warmherzige Frau verdient hatte, wusste er nicht so recht, aber jetzt wollte er sie festhalten.

Ein Fischkutter, der ihm entgegenkam, weckte ihn aus seinem Sinnen, sodass er seine Umgebung wieder zur Kenntnis nahm. Hunde, die im Gras an der Küste tollten, Spaziergänger – nanu, war das nicht der Rucksackmann? Und zwar marschierte er zurück zum Leuchtturm. Ronán runzelte die Stirn. Hoffentlich war Molly mit ihrer Inspektion schon fertig. Dieser Typ war ihm nicht ganz geheuer; doch er hätte nicht sagen können, warum.

Molly sah der *Mermaid* lächelnd nach. Heute schien es ja lustig zuzugehen auf dem Ausflugsboot. Bis hierher hatte sie das Juchzen und Lachen gehört, und die Gäste – offensichtlich alle weiblich – bewegten sich eifrig hin und her, was bei der Rückfahrt in den Hafen sonst nicht üblich war. Jetzt kletterten gar zwei auf den Motoraufbau und legten einen temperamentvollen Boogie aufs Parkett. Bestimmt eine Hen-Party.

Sie musste direkt mal über ihren eigenen Junggesellinnenenabschied nachdenken. Wen würde sie einladen, und was wollte sie machen? Eigentlich zog man einfach von Pub zu Pub, wurde immer lauter und fröhlicher und betrunkener, bis man endlich erschöpft heimwackelte. Nicht ihr Stil – aber andererseits stellte sie es sich schon mal lustig vor. Und es sollte ja schließlich heute etwas anders sein als der übliche Trott. Maura, Colleen, Erin, die Nachbarin in Ballyferriter, die rothaarige Fahrerin Lou. Vielleicht konnte sie sogar ihre Schwestern für diesen einen Abend loseisen. Alle mussten sich natürlich mächtig auftakeln, das war unerlässlich … Doch, das würde Spaß machen.

Sie grinste. Diese Planung hatte noch Zeit; bisher hatten sie schließlich nicht einmal einen Termin festgelegt. Allerdings plädierten beide für bald. Ein Vierteljahr dauerte es, bis man die nötigen Papiere bekam. Oktober? Im November reiste Maura nach Asien, es musste also vorher sein. Wie schön, dass endlich alles zwischen Ronán und ihr geklärt war! Außer die Frage, wo sie wohnen wollten … Das Thema lag in der Luft, war aber einstweilen nicht angesprochen worden. Wenn man logisch dachte, gab es eigentlich nur eine sinnvolle Möglichkeit, doch Ronán sah die Welt nicht unbedingt logisch. Na, man würde sehen.

Sie ging die paar Schritte zum Leuchtturm. Diesmal hatte sie eine Taschenlampe dabei; sie wollte den finsteren Flur genauer untersuchen. Möglicherweise hing ja der Schlüssel zum Turm dort an einem geheimen Haken. Abenteuer mochte Molly seit ihrer Kindheit sehr. Sie las selbst heute noch am liebsten dicke Romane über Seefahrer, Forscher oder Urwaldexpeditionen in möglichst exotischen Umgebungen.

Nach einem letzten Blick über die Schulter drängte sie sich an der Mauer entlang zu dem geheimen Eingang und betrat den Hof, der ihr inzwischen beinahe vertraut schien. Nach einem bewölkten Tag brach jetzt auf einmal die Sonne durch und brachte den rot-weißen Turm zum Leuchten.

Molly machte ein paar Aufnahmen mit dem Handy. Diese Perspektive von unten gefiel ihr; so wirkte der niedrige Turm viel wuchtiger und mächtiger. Sie kontrollierte die Bilder gleich. Eines fand sie wirklich gut gelungen, das wollte sie Ronán schicken. Bevor sie auf SENDEN drückte, fiel ihr jedoch etwas ein. Das war eine gute Gelegenheit, zu überprüfen, ob es in dem Gebäude Empfang gab. Dieser Test war ja letzte Woche am leeren Akku gescheitert. Sie schob sich also um die Ecke, öffnete den Riegel und stieß das Türchen auf. Nachdem sie das Brett vom größeren Fenster genommen hatte, war es einigermaßen hell im Raum. Ihr fiel keine Veränderung auf.

Rot ist die Liebe, weiß ist das Glück tippte sie lächelnd, fügte das Foto ein und verschickte die Botschaft. Gespannt wartete sie ab, aber es schien kein Problem zu geben. Die Nachricht war ordnungsgemäß rausgegangen.

Jetzt wandte sie sich der inneren Tür zu, öffnete sie und zückte die Taschenlampe. Auch hier sah es aus wie beim letzten Besuch. Sorgfältig ließ sie den Lichtschein über die Mauern gleiten. Nichts! Keine Spur von einem Schlüssel.

Enttäuscht untersuchte sie die Fächer des Regals an der Rückwand. Da gab es allerlei Krimskrams, aber ebenfalls keinen Schlüssel. Schuhschachteln voll mit Nägeln, Stiften, uraltem Tesafilm oder verstaubten Pflastern, ein paar verklebte Farbeimer mit steif gewordenen Pinseln, Holz- und Metallstückchen, Draht, ein Korkenzieher … Als Molly einen weiteren Karton vorzog, um den Inhalt zu inspizieren, krabbelte dahinter eine ungeheure schwarze Spinne hervor. Sie fuhr zusammen, und dabei fiel die Schachtel zu Boden. Nicht, dass sie etwa Angst vor Spinnen hätte, aber so Aug' in Auge mochte sie die Biester doch nicht. Eilig füllte sie den Kram wieder ein, wobei sie das haarige Untier scharf im Auge behielt, stellte den Behälter hastig zurück ins Regal und drehte sich um. Ihr war die Lust auf weitere Forschungen vergangen.

Er war in einer tiefschwarzen Laune aufgewacht. So schlimm hatte er sich schon lang nicht mehr gefühlt. Ausreichend körperliche Bewegung, hatten sie gesagt, keinen Alkohol. Achten Sie auf ein regelmäßiges Leben und gesunde Ernährung, hatten sie gesagt. Und es nutzte offensichtlich überhaupt nichts! Frustriert nahm er eine der letzten Tabletten. Nur noch vier übrig. Er stutzte einen Moment. Sollten das nicht fünf sein? Oder hatte er gestern Abend eine genommen?

Es dauerte eine Weile, bis er seinen Rhythmus fand; dann trottete er seinen üblichen Weg bis hinaus zum Leuchtturm. Er skizzierte ein paar

Bilder, war jedoch mit keinem zufrieden. Was war bloß heut mit ihm los? Vielleicht musste er tatsächlich mal wieder mit den Medikamenten anfangen. Er kramte die Packung heraus. Nur noch drei – das versetzte ihm einen Schrecken. Hatte er nicht vor kurzer Zeit vier oder fünf gehabt? Nun, es half ja nichts. Er würgte eine davon trocken hinunter. Ein Schluck Gin hätte geholfen, aber er wollte die Flasche nicht anbrechen. Verdrossen machte er sich auf den Rückweg.

Und eins und zwei und drei und Gin. Und eins und zwei und drei und Gin ... Der Schnaps ging ihm nicht aus dem Kopf. Hirn wie Watte. Ausgetrockneter Mund. Er lief schon am Hotelgelände entlang, als ihm jemand begegnete und er sich seiner Umgebung wieder bewusst wurde. Sollte er? Das war entschieden ein Notfall. Er fühlte sich miserabel. Und all die anderen Anweisungen, die er gewissenhaft eingehalten hatte, waren nicht hilfreich gewesen. Die Leute wussten offenbar gar nicht so genau Bescheid. Vielleicht würde ihm gerade der Alkohol helfen, von dem sie so heftig abgeraten hatten. Dennoch zögerte er. Er mochte doch nicht hier in aller Öffentlichkeit seine Flasche auspacken und trinken. Schließlich spazierten überall Leute mit Hunden herum. Vorsichtig sah er sich nach beiden Seiten um. Bis daheim war es zu weit, noch zwei Stunden; so lang konnte er es nicht mehr aushalten. Aber im Leuchtturm wäre er vor neugierigen Blicken geschützt. Dahin brauchte er bloß eine Viertelstunde, ach was, zehn Minuten, wenn er sich beeilte. Er kehrte entschlossen um und beschleunigte die Schritte. Links, rechts, links, rechts. Schon lief ihm das Wasser im Munde zusammen.

Sie betraten den kleinen Raum gleichzeitig. Mollys Suchaktion in dem Regal war nicht geräuschlos abgelaufen, deshalb hatte sie Russels Eintreffen überhört. Als sie nach ihrer Begegnung mit der Spinne hastig den Vorraum verließ, duckte sich gerade der Rucksackmann durch die niedrige Eingangstür. Er hatte einen sehr seltsamen Gesichtsausdruck, ein fast fanatisches Feuer glühte in seinen Augen. Sie schnappte erschrocken nach Luft.

»Molly, du hast auf mich gewartet. Wie schön!« So schön fand er es gar nicht, eigentlich stand ihm der Sinn vor allem nach Schnaps. Aber dass die Frau heute endlich in sein Versteck gekommen war, durfte er nicht ignorieren. Es war wirklich nett von ihr.

»Äh, ich muss gerade weg«, sagte sie atemlos und trat einen Schritt auf ihn zu, in der Annahme, er würde dann die Tür freigeben. Davon war allerdings nicht die Rede. Er breitete die Arme aus, entweder, um sie festzuhalten, oder um ihr den Ausweg zu versperren. Mollys Herz klopfte einen entsetzten Wirbel, und sie wich zurück.

»Ich hab schon seit Ewigkeiten auf dich gewartet«, stieß der Mann hervor. »Ich bin so froh, dass du mir zu Hilfe kommst, ich kriege diese Bilder ohne dich nicht hin.« In seinem Hirn arbeitete es fieberhaft. Lang konnte er es nicht mehr aushalten; er brauchte einen Schluck

Alkohol, und zwar ziemlich dringend. Bloß sollte die Frau es nicht sehen. Was würde sie von ihm denken? Weg durfte er sie jedoch unter keinen Umständen lassen. Die Zeichnungen ... Ihm wurde ganz heiß, wenn er sich vorstellte, dass sie ihm Modell sitzen wollte. Warum sonst wäre sie hier? Was sollte er tun? Vielleicht war es am besten, die Tür von außen zu verriegeln, bis er sich erfrischt hatte ...

Molly stand wie versteinert. Was für Bilder? Etwa diese grausigen Aktzeichnungen? Er sprach davon, dass sie ihm helfen sollte. Meinte er ...? Ihr Hirn sträubte sich, die Tatsache zu akzeptieren: Er dachte, sie würde ihm Modell sitzen für seine ekelhaften Schmierereien. Und wer weiß, auf welche Ideen er dann noch käme, wenn sie nichts mehr anhatte. Sie spürte Panik in sich aufkommen und kämpfte dagegen an. Mit Angst kam sie hier nicht weiter.

»Das alles ist ein Irrtum«, erklärte sie möglichst entschieden, merkte aber, dass ihre Stimme dünn klang. Sie räusperte sich. »Lass mich auf der Stelle vorbei!«, ordnete sie energisch an, wobei sie ihm fest in die merkwürdig starren Augen blickte.

Aha, diesmal reagierte er, allerdings nicht ganz wie gewünscht. Anstatt zur Seite zu treten, wich er rückwärts durch die Pforte. Molly machte einen Schritt, um ihm zu folgen, da knallte er ihr die Tür vor der Nase zu. Sie hörte, wie er den Riegel vorschob. Rasch zog sie das Telefon aus der Tasche. Krampfhaft drückte sie Ronáns

Kurzwahlnummer und horchte fieberhaft, ob er sich meldete. Eigentlich müsste er längst im Hafen angekommen sein …

Ronán hatte die Fahrgäste am Kai abgeliefert und die *Mermaid* an ihren Liegeplatz gebracht. Sobald sie fest vertäut war, kontrollierte er sein Handy. Ah, eine Bildnachricht von Molly. Schmunzelnd las er den Text. Was sie nur immer mit den Farben der Liebe hatte! Neulich hatte sie allen Ernstes behauptet, die Treue sei blau und das Misstrauen violett. Aber das Foto gefiel ihm. Sie steckte also schon wieder im Leuchtturm. Er schüttelte den Kopf. Gerade als er das Mobiltelefon einstecken wollte, ertönte das Rufzeichen. Ein Blick aufs Display: Molly. Vergnügt nahm er an.

»Ronán, hilf mir schnell, ich bin im …« Nach diesen hastig hervorgestoßenen Worten hörte er einen dumpfen Knall, ein Klirren und nichts mehr. Er rief noch ein paarmal ihren Namen, aber es erfolgte keine Antwort. Das Gespräch war unterbrochen.

Nur einen Augenblick lang zögerte er. Was war der rascheste Weg? Sie befand sich im Leuchtturm; ihren unvollendeten Satz konnte er leicht ergänzen. Denn genau dorthin war vorhin der Rucksackmann gewandert. Eilig sprang er hinunter in sein Gummiboot, löste den Knoten, riss an der Motorleine und lenkte das Boot zur Hafeneinfahrt. Auf die Bojen achtete er gar nicht; die Flut hatte ihren Höchststand erreicht, und das kleine Fahrzeug hatte kaum Tiefgang. Er kannte die gesamte Hafenbucht gut genug, um die versteckten Untiefen zu vermeiden. Während er mit Vollgas über das Wasser raste, rief er die Garda-Station an und meldete den abgebrochenen Anruf Mollys. Er hatte einige Mühe, den Beamten zu überzeugen, aber schließlich erklärte dieser sich bereit, jemanden zum Leuchtturm zu schicken. Ronán war jedoch klar, dass die Polizisten in keinem Fall eher dort sein würden als er. Sie mussten ja das Auto auf halbem Weg stehen lassen und zu Fuß weitergehen, während er direkt unterhalb des Turms anlanden konnte.

Russell hatte die dick verpackte Flasche in seiner Gier bereits aus dem Rucksack gezogen und hielt sie in der Hand, als er ihren Hilferuf von innen hörte. Sie telefonierte mit jemandem – das war Verrat! Daran musste er sie hindern. Er stürzte wieder ins Zimmer, stolperte ein bisschen, was ihm einen zusätzlichen Schwung gab, und …

Betroffen stand er da. Das hatte er nicht gewollt. Zum Glück hatte er schnell genug reagiert, um sie mit dem freien Arm aufzufangen, noch bevor sie fiel. Er ließ sie sachte zu Boden gleiten. Was nun? Das Telefon quäkte; er gab ihm einen Tritt, dass es verstummte. Ob sie tot war? Nein, sie stöhnte leise. Wer hätte auch gedacht, dass ein kleiner Hieb mit der Flasche so wirken könnte. Mechanisch wickelte er die dicke Schicht Noppenfolie ab, schraubte den Verschluss auf und nahm einen tiefen Schluck. Ah! Er hatte es doch gewusst. Sofort klärten sich seine Gedanken.

Er durfte sie nicht einfach so liegen lassen. Denn falls sie wieder zu sich kam, würde sie sich wehren. Oder gar weglaufen. Er trank noch einmal. Dass jemand zu Hilfe kam, war unwahrscheinlich; sie hatte ja nicht mehr sagen können, wo sie war. Daran hatte er sie gerade rechtzeitig gehindert. Sie musste angebunden werden, möglichst an etwas Schweres. Den Tisch! Er stellte die Flasche ab. Da lag ja sein Rucksack. Er hatte ihn mit hereingebracht, aber gleich fallen gelassen. Da war doch immer … Jawoll! Er kramte einen langen Strick heraus.

Molly hörte jemanden ächzen. Im nächsten Moment spürte sie, dass ihr Schädel schmerzte. Es dauerte einen Augenblick, bis sie realisierte, dass das Stöhnen von ihr selbst stammte. Während sie sich sammelte, merkte sie, wie an ihren Händen gezogen und gezerrt wurde.

Vorsichtig öffnete sie die Augen. Neben ihr kniete jemand, der sich an ihren Armen zu schaffen machte. Der Rucksackmann! Sie erinnerte sich. War es jetzt so weit? Wollte er sie etwa ausziehen? Ein neuer Panikanfall beutelte sie. Nun war sie hellwach. Sie musste sich wehren. Aber ihr Kopf tat derartig weh, dass ihr fast schlecht wurde. Aktiv werden konnte sie in diesem Zustand unmöglich. Sie schloss die Augen wieder und konzentrierte sich darauf, was mit ihr geschah.

Aha, er band ihre Hände hinter ihrem Rücken aneinander. Sie lehnte an einer harten Kante. Das war wohl das Tischbein. Vorsichtig drückte sie ihre Schultern nach vorn, dadurch wurde der Abstand zwischen den Handgelenken größer. Jetzt war er fertig. Er richtete sich auf, was sie durch die Wimpern beobachtete, und stand kurz vor ihr, während er etwas vom Tisch hinter ihr nahm. Sie schielte in die entsprechende Richtung. Eine Flasche war es. Hatte er sie etwa damit niedergeschlagen? Inzwischen ließ das Brummen in ihrem Schädel schon nach, bloß an der Schläfe fühlte sie noch einen dumpfen Schmerz. Wenigstens war ihr nicht mehr schwindlig. Sie hörte ihn etwas Unverständliches murmeln, dann entfernten sich seine Füße aus ihrem Gesichtsfeld. Sie horchte angespannt.

Tür auf, Tür zu, Riegel davor. Langsam öffnete sie die Augen. Sie war allein. Allerdings konnte der Mann jeden Augenblick wieder erscheinen. Sie hörte ihn im Hof knurren und brummen. Was er da wohl tat? Der Anblick der Flasche deutete darauf hin, dass er sich Mut antrank. Das war übel; er hatte vorher ja bereits betrunken gewirkt oder als stünde er unter Drogen. Diese seltsamen Augen fielen ihr wieder ein, und sie erschauerte.

Molly atmete ein paarmal tief ein und aus. Es kam jetzt darauf an, dass sie nicht der Panik nachgab, die ihren Verstand lähmen wollte. Sie war schließlich die Frau mit dem berühmten logischen Hirn. Wer ein Millionenvermögen gewinnbringend und präzise verwalten konnte, musste auch in der Lage sein, mit so einer unerwarteten

Situation fertig zu werden. Durch behutsames Ertasten stellte sie fest, wie sie gefesselt war.

Fast hätte sie gelacht. Die Schnur führte, mehrmals um das Tischbein gewickelt, von einem Gelenk zum anderen. Besonders professionell war das nicht. Sie saß ein bisschen vom Tisch entfernt. Sachte rutschte sie näher heran. Wenn sie jetzt mit Kopf und Nacken drückte, konnte sie die Platte um ein paar Millimeter anheben. Gleichzeitig schob sie mit den Fingern die Schlingen nach unten. Es war nicht ganz einfach, denn das Möbelstück wog schwer, der Schädel tat ihr weh, und die unnatürliche Haltung machte ihre Hände ungeschickt.

Erst nach mehreren Versuchen gelang es ihr, den Strick unter dem Tischbein herauszuziehen. Jetzt waren ihre Gelenke zwar immer noch hinten aneinandergebunden, aber dazwischen hatte sie über einen halben Meter Schnur. Gespannt horchte sie. Der Rucksackmann sang inzwischen.

Sie rückte in den freien Raum, stand auf und trat rückwärts durch die Schlinge, sodass sie die Hände wieder vor den Körper bekam. Es war nicht besonders schwierig für jemanden wie sie, der dank täglicher Yoga-Übungen beweglich und gelenkig war.

Jetzt aber nichts wie raus hier! Es gab kein Werkzeug, um die Fessel ganz loszuwerden, und zum Aufknoten oder Durchbeißen fehlte ihr die Zeit. Das konnte sie später in Ruhe erledigen. Ein Glück, dass sie neulich den Fluchtweg gefunden und erprobt hatte. So wusste sie genau, wie sie sich durch das enge Hinterfenster zwängen musste. Der Strick störte dabei kaum, weil er lang genug für alle nötigen Bewegungen war.

Aufatmend stand Molly auf der zerbröckelten Außenmauer. Gerade wollte sie den Fensterladen wieder weitgehend zuziehen, da hörte sie es poltern. Der Mann kehrte offenbar zurück. Sie wartete nicht länger, sondern rutschte außen hinab in das Gestrüpp, drängte sich durch und rannte zur Küste. Sie hatte vor, hinunterzusteigen und unterhalb des Hochufers bis zum nächsten Sträßchen zu laufen oder zu klettern. Das war auch bei Flut durchaus möglich. So war sie vom Grasland aus nicht zu sehen. Sie hielt es zwar für unwahrscheinlich, dass Russell mit seinem langen Gestell ihr durch das Fensterchen folgen konnte; irgendwann jedoch musste er auf die Idee kommen, den normalen Weg aus dem Leuchtturm zu nehmen. Bis dahin wollte sie weit weg sein.

Ronán schaltete den Motor ab und kippte ihn nach oben. Der Schwung trieb das Boot sachte auf den kleinen Sandstrand hinauf. Er sprang über den Rand und zog das Fahrzeug noch ein Stück höher. Rasch wandte er sich zum Land, um die niedrige Klippe hinaufzusteigen. Von dort waren es dann kaum zwanzig Meter bis zum Leuchtturm. Da sah er Molly in höchster Eile mehr herabrutschen als klettern.

Sobald sie ihn entdeckt hatte, warf sie sich in seine Arme. »Ronán! Du bist gekommen!«, schluchzte sie erleichtert. Er hielt sie schweigend fest. Doch sie überwand die Gefühlsaufwallung rasch. »Los, wir müssen hier weg«, mahnte sie und kletterte schon ins Boot, während er es ins Wasser schob. Dann kam er nach, ließ den Motor an und steuerte es etwas von der Küste weg.

»Was ist mit deinen Händen? Und was hast du für einen blauen Fleck an der Schläfe? Was war überhaupt los?«

»Das ist eine irre Geschichte«, begann Molly. Sie berichtete zunächst nur knapp, aber Ronán geriet in Zorn, auch ohne alle Details zu kennen.

Erbost wendete er das Gummiboot. »Dem werd ich's zeigen, dem Halunken«, grollte er.

Molly konnte schon wieder lachen. »Nun sei doch nicht blöd. Willst du ihn etwa persönlich verprügeln, oder was? Nein, das ist ein Fall für die Polizei.«

Richtig, er hatte ja die Garda alarmiert. Erneut kehrte er um, blieb jedoch dicht am Land. An einer Stelle zwischen dem Hotel und dem Folly-Turm führte ein Feldweg zum Strand herunter. Dort rollte gerade ein Polizeiauto heran. Er ließ das Boot sachte auf die Kiesel gleiten und rief zu den zwei Beamten hinüber. Sie kamen näher.

»Ich hab vorhin in der Station angerufen«, erklärte er, um anschließend den Rest der Geschichte in Kurzform weiterzugeben. Molly musste ihre Erlebnisse noch einmal schildern. Sie wurde nun auch endlich von dem Handstrick befreit. Erleichtert rieb sie sich die Druckstellen an den Gelenken.

Ronán dauerte das alles zu lang. »Wollt ihr euch nicht bald mal um den Typ kümmern? Ich hoffe, er muss in den Knast, bis er verfault!« Er machte keinen Hehl aus seiner Abneigung.

Molly war fast schon amüsiert. So kannte sie ihren sanften Kapitän ja gar nicht. Nachdenklich schaute sie ihm in die gewittergrauen Augen. »Ich denke, das Gefängnis ist nicht ganz der Ort, wo er hingehört«, meinte sie. »Irgendwas stimmt nicht mit ihm. Ich glaub nicht mal, dass er wirklich gefährlich ist. Außer vielleicht jetzt mit all dem Alkohol im Hirn. Als ich ihn zuletzt gehört hab, hat er gesungen …«

»Kommt doch bitte gleich noch in die Wache«, forderte sie der eine Polizist auf, während sein Kollege schon dem Küstenwanderweg folgte. »Wir müssen die Aussagen ordnungsgemäß aufnehmen.« Dann verschwand er ebenfalls.

Ronán hielt kurz darauf etwas vom Ufer weg. In gehörigem Abstand begleitete er die Beamten. Hier vom Wasser aus konnte man gut beobachten, was geschah.

Der Rucksackmann verstand nicht recht, wo die Frau hingeraten war. Hatte er sie nicht am Tischbein festgebunden? Und der Fensterladen stand offen; er hatte früher nie bemerkt, dass hier ebenfalls ein Fenster war. Draußen hörte er ein lautes Rascheln. Er steckte den Kopf hinaus, nachdem er auf den Tisch geklettert war. Ha, da war sie! Er sah gerade noch ihren glänzenden Haarschopf verschwinden. Als er versuchte, sich durch die enge Öffnung zu zwängen, gelang ihm das jedoch nicht.

Einige weitere tiefe Züge aus der Pulle ließen die ganze Angelegenheit verschwimmen. Plötzlich fühlte er sich ungeheuer müde. Aber er konnte schließlich nicht hier auf dem Steinboden schlafen; er musste heim. Ein Bild von seinem gemütlichen Bett im Mobile Home entstand wie eine Fata Morgana vor seinem geistigen Auge, und er machte sich nun endgültig auf den Heimweg. Langsam ging es – er kam und kam nicht in seinen gewohnten Rhythmus hinein.

Als ihm die zwei Männer begegneten und ihm sagten, er müsse mitkommen, erkannte er den wohlvertrauten Ton der Autorität und ließ sich willig abführen. Endlich musste er keine Entscheidungen mehr treffen. Russell fühlte sich unendlich erleichtert.

15

Molly fand es merkwürdig, den Hof ganz legal und öffentlich durch das rostige Eisentor zu betreten. Lächelnd wandte sie sich an Ronán. »Heimlich einzudringen, hab ich spannender gefunden. Meinst du, ich bin in Wirklichkeit ein verkappter Einbrecher?«

Er lachte. »Kriminelle Veranlagung? Ich werd's dir schon austreiben, wenn wir erst mal verheiratet sind.«

Eine Woche war vergangen seit den aufregenden Ereignissen, die sich hier abgespielt hatten. Molly war mit Ronán wieder übers Wasser hergekommen, während die anderen drei auf einem Traktor zum Turm gefahren waren. Ein Feldweg führte bis in die Nähe, und das letzte Stück hatten sie auf einer Weide zurückgelegt.

Warren Flannery verwaltete den Schlüssel, und nach Mollys Berichten hatte er beschlossen, dass eine Renovierung angesagt schien. Zu diesem Zweck hatte er einen Regierungsbeamten aus der entsprechenden Abteilung eingeladen. Brendan Fitzgerald war ebenfalls mit von der Partie. Er sollte die anderen beraten bezüglich der nötigen Maßnahmen und hinterher die Reparaturen durchführen. Sowohl der Offizielle als auch der Baumeister machten sich Notizen, sodass der ganze Ausflug einen hochwichtigen Anstrich bekam.

Zunächst zeigte ihnen Molly die Löcher in der Außenmauer, die Russell und sie als Eingang respektive Fluchtweg benutzt hatten. Dann wurden die Gebäude erst von außen einer gründlichen Prüfung unterzogen, bevor sich alle ins Innere begaben – völlig ordnungsgemäß durch die Eingangstür, nicht durch die Hinterpforte. Während die anderen im Hauptraum beschäftigt waren, sperrte Warren den Eingang zum Turm auf, und Molly bekam endlich die ersehnte Gelegenheit, im Leuchtturm hinaufzusteigen.

Eine gewundene Steintreppe führte an den runden Wänden entlang nach oben. Durch die schmalen Fenster drang ausreichend Tageslicht, um sich zurechtzufinden. Molly hatte richtig vermutet: Im Erdgeschoss gab es einen Herd mit einem kleinen Arbeitstisch, daneben hing ein Regal für Töpfe und Geschirr. Im Stockwerk darüber befand sich ein Bett, während eine Reihe Haken offenbar den Kleiderschrank ersetzte. Unter der Treppe stand ein Hocker mit einer emaillierten Waschschüssel und einem Krug.

Ronán erklärte: »Das Wasser musste er im Hof holen. Hast du den Haufen Steine in der Ecke gesehen? Dort war ein Tank, der von Zeit zu Zeit aufgefüllt wurde. Und die Toilette war auch im Hof; das Häuschen ist allerdings bei der letzten Renovierung schon abgebaut worden.«

»Nicht besonders komfortabel«, stellte Molly nachdenklich fest.

Als sie jedoch durch die enge Tür hinaus auf den umlaufenden Metallbalkon traten, weiteten sich ihre braunen Augen. Obwohl der Turm nicht hoch war, fühlte sie sich dem Himmel näher als je zuvor. »Donnerwetter! Wer so eine Aussicht hat, kann freilich gut auf Komfort verzichten«, seufzte sie hingerissen.

Ronán lachte. »Vielleicht war er so daran gewöhnt, dass er sie gar nicht mehr wahrgenommen hat. Vielen Leuten in der Gegend ist es erst durch die begeisterten Touristen klar geworden, wie herrlich die Landschaft ist. Was man jeden Tag sieht, verliert an Attraktion. Und die Bauern und Fischer müssen ihren Lebensunterhalt dem Land und dem Meer so hart abtrotzen, dass sie keine Zeit haben, auf Schönheit zu achten.«

Sie schaute ihn erstaunt an. »Das glaube ich nicht. Selbst wenn der Leuchtturmwärter noch so abgebrüht war – dieser Blick muss ihn immer wieder erfrischt und erfreut haben! Jeden Tag aufs Neue.«

»Außer wenn ihm der Sturm die Regenschauer ins Gesicht gepeitscht und ihn fast hinabgefegt hat«, gab er ironisch zurück.

»Also gut, dann vielleicht nicht«, räumte Molly ein. Sie hatte bereits genug wilde Stürme erlebt, seit sie an der Westküste Irlands wohnte, um sich die Situation ausmalen zu können. Aber bestimmt war der Mann an solchen Abenden friedlich unten vor seinem gemütlichen Feuer geblieben, mit einem Hot Whiskey und einem spannenden Buch. Oder er hatte auf seiner Geige mit dem Wind um die Wette gefiedelt. Irgendein Musikinstrument musste er gehabt haben, als Gesellschaft in seiner Einsamkeit.

Molly litt nicht an Höhenangst. Das Gefühl, dass sich bloß eine Eisenplatte zwischen ihr und dem Abgrund befand, war jedoch etwas gruselig. Nur sehr behutsam wagte sie sich vor zu Ronán an die Reling, um einen raschen Blick direkt nach unten zu werfen. Es war ihr, als schwebte sie im Nichts.

Hastig trat sie zurück an die verlässliche Wand. Sie setzte sich auf den Boden und genoss das Panorama, während der Käpten gelassen stehen blieb, die Arme auf das Geländer gestützt. Rechts lag das Städtchen ausgebreitet, dazwischen dehnte sich die grüne Wiesenlandschaft mit dem Folly und der Küste. Davor glitzerte die riesige Hafenbucht im Abendlicht. Gegenüber stieg sanft der Hügel an, der auf seiner Rückseite so schroff zum Meer hin abfiel. Gerade vor ihr war die enge Hafeneinfahrt, und links davon wogte der Atlantik, bis sich in der Ferne die Halbinsel Iveragh erhob. Weit draußen sah man ein weißes Segel, und zwei große rote Schiffe steuerten auf Dingle zu, Schleppfischer aus Spanien, die hier ihren Fang abladen wollten.

Ronán setzte sich neben sie und nahm ihre Hand. »Bist du zufrieden?«

Sie lächelte. »Es ist wunderbar. Danke!«

»Ist es dir nicht unangenehm, hier zu sein?«

»Wegen letzter Woche, meinst du?« Molly dachte zurück. »Nein. Es ist ja alles gut gegangen.

Natürlich hatte ich Angst, aber eigentlich nicht lang. Als mir klar wurde, dass ich mich wehren muss, falls ich nicht aufgeben will, hab ich mich voll drauf konzentriert, aus der Situation heil rauszukommen. Da war keine Zeit mehr für Panik. – Der gute alte Leuchtturm war mir vorher schon lieb, und jetzt ist er mir vollends ans Herz gewachsen, weil er mir mit seinen Bauschäden so schön geholfen hat.« Sie lachte.

Ronán drückte ihre Hand. Schweigend saßen sie in der Abendsonne.

Es hatte sich rasch herausgestellt, was mit dem Rucksackmann los gewesen war. Nachforschungen nach seiner Familie brachten nur einen alten Onkel aus Belfast zum Vorschein, einen entfernten Cousin seines Vaters. Russell war als Kind und Jugendlicher seltsam gewesen, berichtete dieser. Seine Mutter hätte ihn übermäßig behütet, selbst als er schon längst erwachsen war, während der Vater sich kaum um ihn gekümmert hatte. Vor einigen Jahren waren beide Eltern bei einem Autounfall ums Leben gekommen, und er hatte den Kontakt verloren. Mehr wusste er nicht.

Diese Informationen halfen, den damaligen Hausarzt der Familie ausfindig zu machen. Russell hatte bereits sehr früh alle Anzeichen einer ausgeprägten bipolaren Störung aufgewiesen und war medikamentös behandelt worden. Nach dem Tod der Mutter, die für regelmäßige Einnahme der Tabletten gesorgt hatte, verfiel er in eine tief depressive Phase, ließ seine Pillen liegen und trank mehr und mehr. Als er eines Tages bewusstlos im Park gefunden worden war, hatte man ihn in eine Klinik eingewiesen, wo er einen freiwilligen Entzug machte. Gleichzeitig wurde er auf eine neue Medikation eingestellt. Die Therapie hatte gut gegriffen, und es wurde in Erwägung gezogen, Russell in eine betreute Wohngruppe einzugliedern, wo er zwar selbstständig, aber unter Beobachtung leben sollte, mit Zugang zu Gesprächstherapien und dergleichen. Er jedoch musste die entsprechende Beurteilung wohl völlig missverstanden haben, hatte sich daraufhin selbst entlassen und ward nicht mehr gesehen.

Anfangs hatte er wohl gewissenhaft seine Pillen geschluckt und auch die Tipps beherzigt, die ihm vermittelt worden waren. Dass sein Zustand sich verschlechtern würde, sobald ihm die Tabletten ausgingen, war vorauszusehen. Er brauchte eben stetige Betreuung. Es war ja gerade typisch für diese Krankheit, dass sich viele Patienten in der manischen Phase gut und leistungsfähig fühlten und deshalb die Medikamente als überflüssig ansahen.

Momentan war er stationär untergebracht. Ob er sich eines Tages – wie ursprünglich geplant – für betreutes Wohnen eignete, musste sich erst herausstellen. Auf keinen Fall jedoch war er für seine Übergriffe gegen Molly rechtlich zu belangen, da er zu diesem Zeitpunkt völlig unzurechnungsfähig gewesen war, und zwar bereits bevor er seine Flasche geöffnet hatte.

Molly war es recht so. Sie konnte sich fast in seinen gequälten Geisteszustand hineinversetzen, seit sie einiges über diese Krankheit wusste. Dass irgendetwas mit dem Mann nicht stimmte, hatte sie ja von Anfang an gespürt. Jedenfalls verzieh sie ihm aus vollem Herzen – und war froh, dass er in guten Händen war und fachmännisch betreut wurde.

Ronán freute sich eher darüber, dass Russell weit weg und in sicheren Händen war. Von Verzeihen konnte bei ihm nicht die Rede sein. Immerhin hatte er auf persönliche Rache verzichtet; mehr konnte man nicht von ihm verlangen, fand er.

»Huhu! Seid ihr noch da oben?«, klang es jetzt aus den Tiefen des Gebäudes zu ihnen hoch. Sie rappelten sich aus ihrer nachdenklichen Stimmung auf und machten sich an den Abstieg. In der Schlafkammer trafen sie die anderen.

»Wartet unten auf mich«, schlug Brendan vor. »Ich würde gern mit euch im Boot zurückfahren, wenn das geht.« Er musste ja noch den Rest des Leuchtturms auf Bausicherheit und Statik abklopfen.

Während die beiden im Hof standen, klingelte Ronáns Telefon. Molly hörte nur seine Seite der Unterhaltung, und die gab nicht viel her: *»Wirklich? – Ja. – Nein. – Freilich, gern. – In Ordnung, bis dann«.* Aber sein Gesicht hellte sich auf, es musste eine gute Nachricht sein. Gespannt schaute sie ihn an.

»Es geht um das Haus«, erklärte er atemlos. »Das war der Makler. Ich muss gleich hin!«

Gerade da stieß Brendan zu ihnen. Er zog eine Braue hoch und fragte impulsiv: »Wie bitte? Ihr habt nicht vor, ein Haus zu mieten, oder? Molly, du kannst uns doch nicht verlassen.«

Aha! Da war das Thema angesprochen, das bisher so behutsam vermieden worden war. Molly beschloss, die Angelegenheit heute noch mit Ronán zu klären. Jetzt allerdings grinste sie. »Ronán meint wahrscheinlich, dass es einen Interessenten für sein Elternhaus gibt, das er schon seit Ewigkeiten verkaufen will. Stimmt's?«

Der Käpten lachte. »Tut mir leid. Da hab ich wohl in der Aufregung ein paar Informationen weggelassen. – Ja, stell dir vor, Molly, eine ernsthafte Anfrage, und die Leute sitzen bereits beim Makler im Büro, nachdem sie es besichtigt haben. Sie wollen natürlich am Preis rütteln, aber den hab ich ja absichtlich etwas zu hoch angesetzt.«

Auf der Rückfahrt zum Hafen gab ihm Brendan einige gute Ratschläge. Er hatte das Haus vor ein paar Wochen mit Ronán angeschaut und wies noch einmal auf die positiven Aspekte hin, die er betonen sollte: die ideale Lage am Rand des Städtchens, die perfekte Isolierung der Wände und des Daches, die doppelverglasten Fenster und der private Parkplatz neben dem Haus. »Wenn die Leute über die eher kleinen Räume klagen, musst du mit den Schultern zucken und den Blick zum Meer erwähnen. Die vier Schlafzimmer sind ein gutes Verkaufsargument, und zwei relativ große Badezimmer zusätzlich zu der winzigen Toilette im Erdgeschoss sollten auch hervorgehoben werden. Und es gibt sogar einen hübschen Hinterhof, den man mit Pflanzkübeln und den entsprechenden Möbeln in ein Paradies verwandeln kann.«

Molly hörte aufmerksam zu. »Das kriegen wir schon hin, Bren«, sagte sie.

Ronán blickte überrascht auf. »Wir? Kommst du denn mit?«, fragte er.

»Freilich. Am besten überlässt du die Verhandlungen ganz mir, mein Lieber. Vergiss nicht: Von Geld versteh ich was.« Sie lächelte ihm zu.

Eine Stunde später saßen die beiden sehr zufrieden bei *Dick Mack's* im Snug, dem kleinen Privatabteil neben der Theke, um den unterschriebenen Vertrag mit einem Bier zu feiern. Das gemütliche Lokal war gut besetzt, aber jetzt, in der Sommersaison, waren fast nur Fremde da. Die Einheimischen hatten damit zu tun, die Touristen in Cafés, Pubs, Hotels, Booten, Bussen, Pensionen und Restaurants zu betreuen; sie fanden kaum Zeit, selbst ein ruhiges Pint zu genießen.

Molly hob ihr Glas. »Auf den Verkauf!«, sagte sie.

Er prostete ihr zu. »Ja, ich bin froh, dass es endlich geklappt hat.«

»Wie du das Geld am besten anlegst, können wir ja noch besprechen. – Aber sag, Ronán, tut es dir nicht leid um das Haus? Immerhin bist du da aufgewachsen, und es hängen bestimmt unzählige schöne Erinnerungen dran.«

Er lächelte. »Die Erinnerungen hab ich ja nicht verkauft, bloß das Gebäude. Nein, nein, das ist schon in Ordnung. Der Erlös soll schließlich Erins Zukunft absichern.«

Nachdenklich beobachtete Molly durch die Durchreiche, wie der Barmann ein Pint nach dem anderen zapfte und über die Theke schob. Erins Zukunft sah zunächst recht sonnig aus: Mit der Heirat Ende Oktober – inzwischen stand der Termin fest – wurden ja ihre beiden Lieblingspersonen miteinander verbunden. Dass Erin weiter bei ihnen wohnen und mit Molly arbeiten würde, war selbstverständlich. Nur der Ort musste noch geklärt werden. Sie warf einen Blick zu ihrem Begleiter. Fast hätte sie gelacht über seinen sorgenvollen Gesichtsausdruck.

»Ronán, du runzelst die Stirn, als wären dir sämtliche Felle davongeschwommen. Was gibt es denn?«

Er schaute sie gequält an. »Ich denke drüber nach, wo wir wohnen sollen. Mein Cottage ist trotz Anbau eigentlich nicht groß genug für uns alle drei. Vielleicht hätte ich das Haus doch behalten sollen …«

»Unsinn!«, unterbrach ihn Molly energisch. »Ich möchte in keinem Haus ohne Garten mehr leben. Es ist gut, dass du den Kasten los bist.«

»Schon, aber meine Küche ist viel zu klein für deine Bedürfnisse. Oder willst du mit deinem Lieferservice aufhören?«

Erstaunt fragte Molly: »Warum sollte ich damit aufhören? Ich hab ja gerade erst angefangen, und das Geschäft läuft glänzend.« Möglichst gleichgültig fügte sie hinzu: »Wir könnten natürlich auch bei mir wohnen. Da ist Platz genug für alle, sogar für drei, vier Kinder zusätzlich.«

Das brachte ihn vom Thema ab. »Möchtest du wirklich so viele Babys?« Entzückt sah er, wie ihr die Röte in die Wangen stieg.

»Vielleicht nicht alle gleichzeitig …«, lenkte sie lächelnd ein.

Er drückte sie zärtlich und gab ihr einen Kuss auf die Nasenspitze. Dann kehrte er zu dem Problem zurück. »Das geht doch nicht. Ich meine, es ist schließlich meine Aufgabe als Mann, für eine Wohnung zu sorgen … Wenn ich einen Bauantrag einreiche, kann ich das Cottage noch mehr erweitern. Bloß würde das lang dauern. Und wahrscheinlich müsste mein selbst geschaffener Anbau dafür wieder abgerissen werden …« Er verlor sich in Überlegungen.

Molly ließ ihn ruhig gewähren. Sie wusste, dass Ronán immer wieder dazu neigte, Probleme zu sehen, wo keine waren. Am besten war es, ihm geduldig Zeit zu geben.

Nach einer Weile fiel ihm ihr Schweigen auf. »Was hältst du denn davon?«, forschte er.

»Hm. Ich müsste dann halt Erin jeden Tag nach Ballyferriter fahren, damit sie ihre Aufgaben im Stall und mit den Tieren erledigen kann. Aber da könnte ich mich ja auch gleich um meine Buchführung kümmern …«

Ronán stutzte. »Das wäre eigentlich umständlich. Stimmt, die Tiere … Erin beschäftigt sich viel mit ihnen, nicht? Und sie reitet gern und geht auf dem schönen großen Gelände spazieren. Das würde sie sicher vermissen. In Dingle wäre sie viel eingeschränkter in ihrer Selbstständigkeit.« Halblaut dachte er weiter. »Aber wie käme ich dann zur Arbeit, falls wir zu dir ziehen? – Na ja, mit dem Rad halt. Freilich.«

Molly warf ein: »Du kannst natürlich mein Auto nehmen; ich brauche es ja bloß ganz selten. Stimmt schon, was du sagst: Für Erin wäre es eindeutig besser, wenn sie auf Grazeland bleiben könnte. Sie hat sich da so viele Freunde gemacht, nicht nur unter den Vierbeinern.« Seine Bedenken schmolzen bereits dahin, das sah man ihm deutlich an. Molly enthielt sich wohlweislich weiterer Bemerkungen.

»Ja, aber – ich kann doch nicht einfach auf deine Kosten wohnen!« Er schüttelte den Kopf.

»Wieso auf meine Kosten? Ich zahle ja gar nichts! Schau, es ist so: Ich habe auf Lebenszeit freies Wohnrecht in diesem Appartement über dem Stall. Das ist quasi ein Bonus meiner Arbeit als Finanzberaterin. Sollte ich ausziehen, hat Maura ein Problem, weil sie die Bude nicht einfach an irgendwen vermieten darf. Es ist nämlich eine Dienstwohnung für Angestellte von Grazeland. Für den Hausmeister haben wir inzwischen das obere Stockwerk des alten Farmgebäudes umgebaut, und das weitere Personal besteht in der Regel aus Aushilfskräften, die nur stunden- oder tageweise kommen. – Ganz ehrlich, Ronán, mir wär's wirklich am liebsten, wir könnten dort wohnen. Mir ist das alles ans Herz gewachsen, die Esel und Pferde und das herrliche Gelände am Meer. Und nicht zuletzt natürlich Maura und Brendan.«

Er überlegte eine Weile. »Und was mach ich dann mit meinem Cottage?«, fragte er, schon halb überzeugt.

Etwas zaghaft meinte Molly: »Du hängst bestimmt sehr daran, oder?«

Ronán wiegte den Kopf. »Verkaufen will ich es nicht. Aber es ist wie mit meinem Elternhaus: Wichtig sind mir die lebendigen Erinnerungen, nicht die Mauern. Ich find's bloß schade, dass jetzt die ganze Plackerei völlig umsonst war.«

Molly war erleichtert über seine unsentimentale Sichtweise. Das vereinfachte alles.

»Überhaupt nichts ist umsonst gewesen«, tröstete sie ihn. »Gerade dank der vielen Arbeit, die du hineingesteckt hast, ist es jetzt ein perfektes geräumiges Haus für eine Einzelperson oder ein junges Pärchen. Wir können es sicher leicht vermieten. An eine ältere Dame vielleicht, oder – warte, ich hab eine Idee!« Sie dachte kurz nach. »Ja, das wäre ideal. Brendans Jugendfreund Brian sucht momentan eine Bleibe. Auf Dauer ist es im Wohnwagen doch etwas eng. Du weißt schon, unser Koch im Café. Er ist ja ein erstklassiger Dudelsackspieler. Bei uns im Ort kriegt er bloß eine Abendsession im Pub, aber in Dingle könnte er bestimmt drei oder vier feste Einsätze bekommen; da sind ja so viele Lokale mit Live-Musik – sogar über den Winter. Ende September schließen wir das Café bis Ostern nächstes Jahr. Danach ist in Ballyferriter kaum noch was los, und er verdient nichts. Dein Cottage wäre absolut perfekt für ihn, wenn du den Preis nicht zu hoch ansetzt«

»Stimmt. Da bräuchte er sich nicht auf ein einziges Pint beim Spielen beschränken, weil er nach der Session zu Fuß heimkönnte.« Ronán grinste. »Ich komm morgen raus zu euch und red mit ihm … Und schau mir meine neue Wohnung genauer an«, fügte er ernsthaft hinzu.

Es war schon gut, dass die Tür vom Extraabteil geschlossen war, sonst hätten die aufgedrehten Gäste im Lokal bestimmt Beifall geklatscht über den langen Kuss der beiden im Snug. Der Barmann nahm ihn zwar aus dem Augenwinkel zur Kenntnis, aber er schmunzelte nur.

Es war am Tag vor Allerheiligen, an Halloween. Der November zeigte ein unerwartet freundliches Gesicht: Weiße Federwolken zogen langsam über einen klaren blauen Himmel, die Sonne schien warm, und das Meer schwappte friedlich an die Küste. Es war wie ein letztes Atemholen vor den Winterstürmen, den Nebelschwaden und Regenschauern, den dunklen kühlen Tagen. Molly und Ronán saßen in dem leichten Eselskarren und ließen sich von Luna über das Gelände ziehen.

Da ihr Mann die Zügel führte, konnte sich Molly ungestört den eigenen Gedanken widmen … Ihr Mann, ja! Seit einer Woche waren sie verheiratet, und dies war sozusagen ihre Hochzeitsreise. Sie lächelte. Gemeinsam hatten sie beschlossen, daheimzubleiben, anstatt irgendwohin zu fliegen. Warum auch? Sie fühlten sich hier so glücklich, dass eine Reise keine Steigerung bringen konnte. Außerdem waren Maura und Brendan vor zwei Tagen zu ihrer eigenen verspäteten Honeymoon-Tour nach Asien aufgebrochen. Irgendjemand musste sich schließlich um Grazeland und die Tiere kümmern.

Eine wunderbare Hochzeit war es gewesen. Die Trauung hatte um sechs Uhr in der großen Kirche in Dingle stattgefunden, in der Ronán getauft worden war. Danach war die Gesellschaft in Benner's Hotel gezogen, wo es Sekt, Abendessen und Hochzeitstorte gab. Das Brautpaar hatte vier Freunde gebeten, Musik zu machen. Im Lauf des Abends gesellten sich allerdings nach irischer Tradition immer mehr Leute mit einem Instrument dazu, bis zuletzt elf Musiker im Kreis saßen und fiedelten, flöteten, zupften und pfiffen, dass es eine wahre Pracht war. Die temperamentvollen Melodien fuhren den Gästen in die Beine, und die Tanzfläche wurde nie leer, außer es stimmte jemand eine der vielen wehmütigen Balladen an. Dann sangen alle lauthals den Refrain mit. Natürlich wurden auch einige lustige Lieder vorgetragen. Es war ein äußerst vergnüglicher Abend. Als Höhepunkt gab es einen Überraschungsauftritt der Wrens, die plötzlich mit Trommeln und Pfeifen in den Saal gezogen kamen.

Weder Molly noch Ronán legten Wert auf Konventionalität. Ihr langes Hochzeitskleid war nicht weiß, sondern in einem zarten Altrosa gehalten. Der Farbton passte zu ihrem hellen Teint und brachte ihren kastanienfarbenen Schopf zum Leuchten. Der Bräutigam hatte sich für einen anthrazitfarbenen Anzug mit hellgrauer Weste entschieden. Krawatten mochte er nicht; er ließ den Hemdkragen offen.

Wie gut er ausgesehen hatte mit seinen glänzenden Locken! Molly kehrte zurück in die Gegenwart und sah Ronán von der Seite an. Heute hatte er seine Haarpracht wieder unter der üblichen Mütze versteckt. Sie lächelte in sich hinein. Alle zweibeinigen Grazeland-Bewohner trugen nur noch Ronáns Strickmützen in den verschiedensten Schattierungen. Sie selbst hatte ihm bereits drei verschiedene abgeschwatzt, um je nach Laune eine Auswahl zu haben.

Der Wagen holperte inzwischen an der Küste entlang. Neben ihnen ritt Erin auf einem stämmigen Pony, während die zwei Eselfohlen und natürlich auch Rumpelstilzchen herumtollten.

»Ob Rumpelstilzchen wohl jemals erwachsen wird?«, überlegte Ronán. Er kannte längst alle Bewohner von Grazeland und liebte das Leben hier, seit er im September hergezogen war.

»Wahrscheinlich nicht. Er ist immer noch ein Kindskopf mit seinen sechzehn Monaten. – Na, bei unserem Kind wird es bestimmt deutlich länger dauern, bis die Vernunft einsetzt«, sagte Molly leichthin.

»Bei unserem …? Molly!« Er ließ die Zügel fallen und wandte sich ihr zu. In seinen grauen Augen spiegelte sich das Meer.

Sie lächelte und nickte. Ihrer beider Lippen fanden sich zu einem innigen Kuss.

»Aber in diesem Zustand solltest du besser nicht mehr in dem holprigen Eselskarren fahren«, meinte er danach besorgt. Molly lachte laut auf.

»Wenn du meinst, ich lasse mich für die nächsten sieben oder acht Monate in Watte packen, dann hast du dich getäuscht, mein Herz.«

Erin war neugierig näher gekommen, als sie sich küssten. Sie hatte die letzte Bemerkung gehört. »In acht Monaten? Was ist da?«, erkundigte sie sich interessiert.

Molly antwortete lächelnd: »In siebeneinhalb Monaten wirst du Tante.«

Das Mädchen dachte eine Weile mit leicht gerunzelter Stirn nach. Dann ging ein Strahlen über ihr Gesicht. »Ein Baby? Kriegt ihr ein Baby?«

Als Molly nickte, klatschte Erin begeistert in die Hände. Danach trieb sie ihr Pferdchen zu einem übermütigen Galopp an und raste auf der Weide davon, verfolgt von den jungen Eseln.

Ronán schaute Molly ernst in die Augen. Nur die Falten in seinen Augenwinkeln und das leichte Zucken in seinem Bart deuteten auf seine wahre Stimmung hin. »Bist du ganz sicher, dass es nur eines wird? Du wolltest doch drei oder vier …«

Sie schmiegte sich in seine Arme. »Eigentlich kommt immer nur eins auf einmal«, lachte sie.

»Aber wenn du meinst, können wir ja heut Abend versuchen, ob man nachbestellen kann.«

Der Stute wurde die Pause entschieden zu lang. Sie drehte die Ohren forschend nach hinten. Kein Geräusch. Ungeduldig schüttelte sie den Kopf, zog an und trottete zielstrebig in Richtung Stall. Diese beiden Menschen kannte sie genau. Sooft sie gemeinsam auf dem Wagen saßen, gab es an irgendeinem Punkt diese endlosen Unterbrechungen. Dabei hatte sie doch wahrhaftig mehr zu tun, als eingespannt auf der Wiese herumzustehen und zu warten …